TRANZLATY

La lingua è per tutti

Jazyk je pro každého

Il richiamo della foresta

Volání divočiny

Jack London

Italiano / Čeština

Nel primitivo
Do primitivu

Buck non leggeva i giornali.
Buck nečetl noviny.
Se avesse letto i giornali avrebbe saputo che i guai si stavano avvicinando.
Kdyby si přečetl noviny, věděl by, že se chystají problémy.
Non erano guai solo per lui, ma per tutti i cani da caccia.
Neměl s tím potíže jen on sám, ale všichni psi z přílivu a odlivu.
Ogni cane con muscoli forti e pelo lungo e caldo sarebbe stato nei guai.
Každý pes silný a svalnatý s teplou, dlouhou srstí bude mít problém.
Da Puget Bay a San Diego nessun cane poteva sfuggire a ciò che stava per accadere.
Od Puget Bay po San Diego se žádný pes nemohl vyhnout tomu, co přicházelo.
Gli uomini, brancolando nell'oscurità artica, avevano trovato un metallo giallo.
Muži, tápající v arktické temnotě, našli žlutý kov.
Le compagnie di navigazione a vapore e di trasporto erano alla ricerca della scoperta.
Parníky a dopravní společnosti se o objev usilovně snažily.
Migliaia di uomini si riversarono nel Nord.
Tisíce mužů se řítily do Severní země.
Questi uomini volevano dei cani, e i cani che volevano erano cani pesanti.
Tito muži chtěli psy a psi, které chtěli, byli těžkooděnci.
Cani dotati di muscoli forti per lavorare duro.
Psi se silnými svaly, s nimiž se daří dřít.
Cani con il pelo folto che li protegge dal gelo.
Psi s chlupatou srstí, která je chrání před mrazem.

Buck viveva in una grande casa nella soleggiata Santa Clara Valley.

Buck žil ve velkém domě v sluncem zalitém údolí Santa Clara.

La casa del giudice Miller era chiamata così.

Říkalo se mu dům soudce Millera.

La sua casa era nascosta tra gli alberi, lontana dalla strada.

Jeho dům stál vzadu od silnice, napůl skrytý mezi stromy.

Si poteva intravedere l'ampia veranda che circondava la casa.

Bylo možné zahlédnout širokou verandu táhnoucí se kolem domu.

Si accedeva alla casa tramite vialetti ghiaiosi.

K domu se přibližovaly štěrkové příjezdové cesty.

I sentieri si snodavano attraverso ampi prati.

Cesty se vinuly rozlehlými trávníky.

In alto si intrecciavano i rami degli alti pioppi.

Nad hlavou se proplétaly větve vysokých topolů.

Nella parte posteriore della casa le cose erano ancora più spaziose.

V zadní části domu bylo ještě prostorněji.

C'erano grandi scuderie, dove una dozzina di stallieri chiacchieravano

Byly tam velké stáje, kde si povídalo tucet čeledí

C'erano file di cottage per i servi ricoperti di vite

Byly tam řady vinnou révou pokrytých služebnických domků

E c'era una serie infinita e ordinata di latrine

A byla tam nekonečná a uspořádaná řada hospodářských budov

Lunghi pergolati d'uva, pascoli verdi, frutteti e campi di bacche.

Dlouhé vinice, zelené pastviny, sady a bobulové háje.

Poi c'era l'impianto di pompaggio per il pozzo artesiano.

Pak tu byla čerpací stanice pro artézský vrt.

E c'era la grande cisterna di cemento piena d'acqua.

A tam byla velká cementová nádrž naplněná vodou.

Qui i ragazzi del giudice Miller hanno fatto il loro tuffo mattutino.

Zde se chlapci soudce Millera ráno skočili do vody.

E lì si rinfrescavano anche nel caldo pomeriggio.

A také se tam v horkém odpoledni ochladili.

E su questo grande dominio, Buck era colui che lo governava tutto.

A nad touto velkou doménou vládl Buck.

Buck nacque su questa terra e visse qui tutti i suoi quattro anni.

Buck se narodil na této zemi a žil zde všechny své čtyři roky.

C'erano effettivamente altri cani, ma non avevano molta importanza.

Sice tam byli i jiní psi, ale ti vlastně nebyli důležití.

In un posto vasto come questo ci si aspettava la presenza di altri cani.

Na tak rozlehlém místě se očekávali i další psi.

Questi cani andavano e venivano oppure vivevano nei canili affollati.

Tito psi přicházeli a odcházeli, nebo žili v rušných kotcích.

Alcuni cani vivevano nascosti in casa, come Toots e Ysabel.

Někteří psi žili schovaní v domě, jako například Toots a Ysabel.

Toots era un carlino giapponese, Ysabel una cagnolina messicana senza pelo.

Toots byl japonský mops, Ysabel mexická naháč.

Queste strane creature raramente uscivano di casa.

Tito podivní tvorové jen zřídka vycházeli z domu.

Non toccarono terra né annusarono l'aria esterna.

Nedotkli se země ani nečichali k čerstvému vzduchu venku.

C'erano anche i fox terrier, almeno una ventina.

Byli tam také foxteriéři, nejméně dvacet.

Questi terrier abbaiavano ferocemente a Toots e Ysabel in casa.

Tito teriéři uvnitř zuřivě štěkali na Tootse a Ysabel.

Toots e Ysabel rimasero dietro le finestre, al sicuro da ogni pericolo.

Toots a Ysabel zůstali za okny, v bezpečí před nebezpečím.

Erano sorvegliati da domestiche armate di scope e stracci.

Hlídaly je služebné s košťaty a mopy.

Ma Buck non era un cane da casa e nemmeno da canile.

Ale Buck nebyl žádný domácí pes a nebyl ani pes do psí boudy.

L'intera proprietà apparteneva a Buck come suo legittimo regno.

Celý majetek patřil Buckovi jako jeho právoplatná říše.

Buck nuotava nella vasca o andava a caccia con i figli del giudice.

Buck plaval v nádrži nebo chodil lovit se soudcovými syny.

Camminava con Mollie e Alice nelle prime ore del mattino o tardi.

Chodil s Mollie a Alicí v časných i pozdních hodinách.

Nelle notti fredde si sdraiava davanti al fuoco della biblioteca insieme al giudice.

Za chladných nocí ležel se soudcem u krbu v knihovně.

Buck accompagnava i nipoti del giudice sulla sua robusta schiena.

Buck vozil soudcovy vnuky na svém silném hřbetě.

Si rotolava nell'erba insieme ai ragazzi, sorvegliandoli da vicino.

Válel se s chlapci v trávě a bedlivě je hlídal.

Si avventurarono fino alla fontana e addirittura oltre i campi di bacche.

Vydali se k fontáně a dokonce i kolem jahodových polí.

Tra i fox terrier, Buck camminava sempre con orgoglio regale.

Mezi foxteriéry se Buck vždycky procházel s královskou hrdostí.

Ignorò Toots e Ysabel, trattandoli come se fossero aria.

Ignoroval Tootse a Ysabel a choval se k nim, jako by byli vzduch.

Buck governava tutte le creature viventi sulla terra del giudice Miller.

Buck vládl všem živým tvorům na pozemku soudce Millera.

Dominava gli animali, gli insetti, gli uccelli e perfino gli esseri umani.

Vládl nad zvířaty, hmyzem, ptáky a dokonce i lidmi.

Il padre di Buck, Elmo, era un enorme e fedele San Bernardo.

Buckův otec Elmo byl obrovský a věrný svatý Bernard.

Elmo non si allontanò mai dal Giudice e lo servì fedelmente.

Elmo nikdy neopustil soudcovu stranu a věrně mu sloužil.

Buck sembrava pronto a seguire il nobile esempio del padre.

Buck se zdál být připraven následovat ušlechtilý příklad svého otce.

Buck non era altrettanto grande: pesava sessanta chili.

Buck nebyl tak velký, vážil sto čtyřicet liber.

Sua madre, Shep, era una splendida cagnolina da pastore scozzese.

Jeho matka, Shep, byla vynikající skotská ovčácká fena.

Ma nonostante il suo peso, Buck camminava con una presenza regale.

Ale i s tou váhou Buck kráčel s královskou důstojností.

Ciò derivava dal buon cibo e dal rispetto che riceveva sempre.

To pramenilo z dobrého jídla a respektu, kterého se mu vždy dostávalo.

Per quattro anni Buck aveva vissuto come un nobile viziato.

Čtyři roky žil Buck jako rozmazlený šlechtic.

Era orgoglioso di sé stesso e perfino un po' egocentrico.

Byl na sebe hrdý a dokonce i trochu egoistický.

Quel tipo di orgoglio era comune tra i signori delle campagne remote.

Takový druh hrdosti byl u odlehlých venkovských pánů běžný.

Ma Buck si salvò dal diventare un cane domestico viziato.

Ale Buck se zachránil před tím, aby se z něj stal rozmazlený domácí pes.

Rimase snello e forte grazie alla caccia e all'esercizio fisico.

Díky lovu a cvičení si udržel štíhlou a silnou postavu.

Amava profondamente l'acqua, come chi si bagna nei laghi freddi.

Hluboce miloval vodu, jako lidé, kteří se koupou ve studených jezerech.

Questo amore per l'acqua mantenne Buck forte e molto sano.

Tato láska k vodě udržovala Bucka silného a velmi zdravého.

Questo era il cane che Buck era diventato nell'autunno del 1897.

To byl pes, kterým se Buck stal na podzim roku 1897.

Quando lo sciopero del Klondike spinse gli uomini verso il gelido Nord.

Když útok na Klondike stáhl muže na zamrzlý sever.

Da ogni parte del mondo la gente accorse in massa verso la fredda terra.

Lidé z celého světa se hrnuli do chladné země.

Buck, tuttavia, non leggeva i giornali e non capiva le notizie.

Buck však nečetl noviny ani nerozuměl zprávám.

Non sapeva che Manuel fosse una persona cattiva con cui stare.

Nevěděl, že Manuel je špatný člověk.

Manuel, che aiutava in giardino, aveva un grosso problema.

Manuel, který pomáhal na zahradě, měl velký problém.

Manuel era dipendente dal gioco d'azzardo alla lotteria cinese.

Manuel byl závislý na hazardních hrách v čínské loterii.

Credeva fermamente anche in un sistema fisso per vincere.

Také silně věřil v pevný systém vítězství.

Questa convinzione rese il suo fallimento certo e inevitabile.

Tato víra činila jeho selhání jistým a nevyhnutelným.

Per giocare con un sistema erano necessari soldi, soldi che a Manuel mancavano.

Hraní systémem vyžaduje peníze, které Manuel postrádal.

Il suo stipendio bastava a malapena a sostenere la moglie e i numerosi figli.

Jeho plat sotva stačil na to, aby uživil svou ženu a mnoho dětí.

La notte in cui Manuel tradì Buck, tutto era normale.

V noci, kdy Manuel zradil Bucka, bylo všechno normální.

Il giudice si trovava a una riunione dell'Associazione dei coltivatori di uva passa.

Soudce byl na schůzi Asociace pěstitelů rozinek.

A quel tempo i figli del giudice erano impegnati a fondare un club sportivo.

Soudcovi synové tehdy pilně zakládali atletický klub.

Nessuno vide Manuel e Buck uscire dal frutteto.

Nikdo neviděl Manuela a Bucka odcházet sadem.

Buck pensava che questa fosse solo una semplice passeggiata notturna.

Buck si myslel, že tahle procházka je jen obyčejná noční procházka.

Incontrarono un solo uomo alla stazione della bandiera, a College Park.

Na vlajkové stanici v College Parku potkali jen jednoho muže.

Quell'uomo parlò con Manuel e si scambiarono i soldi.

Ten muž promluvil s Manuelem a vyměnili si peníze.

"Imballa la merce prima di consegnarla", suggerì.

„Zabalte zboží, než ho doručíte," navrhl.

La voce dell'uomo era roca e impaziente mentre parlava.

Mužův hlas byl, když mluvil, drsný a netrpělivý.

Manuel legò con cura una corda spessa attorno al collo di Buck.

Manuel opatrně uvázal Buckovi kolem krku tlusté lano.

"Se giri la corda, lo strangolerai di brutto"

„Otoč to lano a pořádně ho uškrtíš."

Lo straniero emise un grugnito, dimostrando di aver capito bene.

Cizinec zabručel, čímž ukázal, že dobře rozumí.

Quel giorno Buck accettò la corda con calma e silenziosa dignità.

Buck toho dne přijal lano s klidem a tichou důstojností.

Era un atto insolito, ma Buck si fidava degli uomini che conosceva.

Byl to neobvyklý čin, ale Buck mužům, které znal, důvěřoval.

Credeva che la loro saggezza andasse ben oltre il suo pensiero.

Věřil, že jejich moudrost daleko přesahuje jeho vlastní myšlení.

Ma poi la corda venne consegnata nelle mani dello straniero.

Ale pak bylo lano podáno do rukou cizince.

Buck emise un ringhio basso che suonava come un avvertimento e una minaccia silenziosa.

Buck tiše zavrčel, ale s tichou hrozbou.

Era orgoglioso e autoritario e intendeva mostrare il suo disappunto.

Byl hrdý a panovačný a chtěl dát najevo svou nelibost.

Buck credeva che il suo avvertimento sarebbe stato interpretato come un ordine.

Buck věřil, že jeho varování bude chápáno jako rozkaz.

Con suo grande stupore, la corda si strinse rapidamente attorno al suo grosso collo.

K jeho úžasu se lano kolem jeho tlustého krku rychle utáhlo.

Gli mancò l'aria e cominciò a lottare in preda a una rabbia improvvisa.

Nedostával se mu dech a v náhlém vzteku se začal bránit.

Si lanciò verso l'uomo, che si lanciò rapidamente contro Buck a mezz'aria.

Skočil na muže, který se ve vzduchu rychle setkal s Buckem.

L'uomo afferrò Buck per la gola e lo fece ruotare abilmente in aria.

Muž chytil Bucka za krk a dovedně s ním zkroutil ve vzduchu.

Buck venne scaraventato a terra con violenza, atterrando sulla schiena.

Buck byl tvrdě sražen k zemi a dopadl na záda.

La corda ora lo strangolava crudelmente mentre lui scalciava selvaggiamente.

Provaz ho teď krutě škrtil, zatímco divoce kopal.

La sua lingua cadde fuori, il suo petto si sollevò, ma non riprese fiato.

Vypadl mu jazyk, hruď se mu zvedla, ale nenadechl se.

Non era mai stato trattato con tanta violenza in vita sua.

V životě s ním nikdo nezacházel s takovým násilím.

Non era mai stato così profondamente invaso da una rabbia così profonda.

Také ho nikdy předtím nezaplavil tak hluboký vztek.

Ma il potere di Buck svanì e i suoi occhi diventarono vitrei.

Ale Buckova moc slábla a jeho oči se zakalily.

Svenne proprio mentre un treno veniva fermato lì vicino.

Omdlel právě ve chvíli, kdy poblíž zastavil vlak.

Poi i due uomini lo caricarono velocemente nel vagone bagagli.

Pak ho oba muži rychle hodili do zavazadlového vozu.

La cosa successiva che Buck sentì fu dolore alla lingua gonfia.

Další věc, kterou Buck ucítil, byla bolest v oteklém jazyku.

Si muoveva su un carro traballante, solo vagamente cosciente.

Pohyboval se v třesoucím se vozíku a byl jen matně při vědomí.

Il fischio acuto di un treno rivelò a Buck la sua posizione.

Ostré zapískání vlakové píšťalky prozradilo Buckovi, kde se nachází.

Aveva spesso cavalcato con il Giudice e conosceva quella sensazione.

Často jezdil se Soudcem a znal ten pocit.

Fu un'esperienza unica viaggiare di nuovo in un vagone bagagli.

Byl to zase ten jedinečný pocit cestování v zavazadlovém vagonu.

Buck aprì gli occhi e il suo sguardo ardeva di rabbia.

Buck otevřel oči a jeho pohled hořel vzteky.

Questa era l'ira di un re orgoglioso detronizzato.

To byl hněv pyšného krále, sesazeného z trůnu.

Un uomo allungò la mano per afferrarlo, ma Buck colpì per primo.

Muž se natáhl, aby ho chytil, ale Buck ho místo toho udeřil první.

Affondò i denti nella mano dell'uomo e la strinse forte.

Zaryl muži zuby do ruky a pevně ji držel.

Non mi lasciò andare finché non svenne per la seconda volta.

Nepustil ho, dokud podruhé neztratil vědomí.

"Sì, ha degli attacchi", borbottò l'uomo al facchino.

„Jo, má záchvaty," zamumlal muž zavazadlovému doručovateli.

Il facchino aveva sentito la colluttazione e si era avvicinato.

Zavazadlový doručovatel zaslechl zápas a přiblížil se.

"Lo porto a Frisco per conto del capo", spiegò l'uomo.

„Vezmu ho do San Francisca kvůli šéfovi," vysvětlil muž.

"C'è un bravo dottore per cani che dice di poterli curare."

„Je tam jeden skvělý psí doktor, který říká, že je dokáže vyléčit."

Più tardi quella notte l'uomo raccontò la sua versione completa.

Později té noci muž podal svou vlastní plnou zprávu.

Parlava da un capannone dietro un saloon sul molo.

Mluvil z kůlny za saloonem na molu.

"Mi hanno dato solo cinquanta dollari", si lamentò con il gestore del saloon.

„Dostal jsem jen padesát dolarů," stěžoval si majiteli saloonu.

"Non lo rifarei, nemmeno per mille dollari in contanti."

„Už bych to neudělal, ani za tisícovku v hotovosti."

La sua mano destra era strettamente avvolta in un panno insanguinato.

Pravou ruku měl pevně omotanou krvavou látkou.

La gamba dei suoi pantaloni era completamente strappata dal ginocchio al piede.

Jeho nohavice byla roztrhaná od kolena až k patě.

"Quanto è stato pagato l'altro tizio?" chiese il gestore del saloon.

„Kolik dostal ten druhý blbec?" zeptal se prodavač v saloonu.

«Cento», rispose l'uomo, «non ne accetterebbe uno in meno».

„Sto," odpověděl muž, „nevzal by ani o cent méně."

"Questo fa centocinquanta", disse il gestore del saloon.

„To je sto padesát," řekl prodavač v saloonu.

"E lui li merita tutti, altrimenti non sono meglio di uno stupido."

„A on za to všechno stojí, jinak nejsem o nic lepší než hlupák."

L'uomo aprì gli involucri per esaminarsi la mano.

Muž otevřel obaly, aby si prohlédl ruku.

La mano era gravemente graffiata e ricoperta di croste di
sangue secco.

Ruka byla těžce potrhaná a pokrytá zaschlou krví.

"Se non mi viene l'idrofobia..." cominciò a dire.

„Jestli nedostanu hydrofobii…" začal říkat.

"Sarà perché sei nato per impiccarti", giunse una risata.

„To bude tím, že ses narodil pro věšení," ozval se smích.

"Aiutami prima di partire", gli chiesero.

„Pojď mi pomoct, než půjdeš," požádali ho.

Buck era stordito dal dolore alla lingua e alla gola.

Buck byl omámený bolestí v jazyku a krku.

Era mezzo strangolato e riusciva a malapena a stare in piedi.

Byl napůl uškrcený a sotva se udržel na nohou.

Ciononostante, Buck cercò di affrontare gli uomini che lo
avevano ferito così duramente.

Buck se přesto snažil čelit mužům, kteří mu tolik ublížili.

Ma lo gettarono a terra e lo strangolarono ancora una volta.

Ale oni ho shodili na zem a znovu ho uškrtili.

Solo allora riuscirono a segargli il pesante collare di ottone.

Teprve potom mu mohli uříznout těžký mosazný obojek.

Tolsero la corda e lo spinsero in una cassa.

Sundali lano a strčili ho do bedny.

La cassa era piccola e aveva la forma di una gabbia di ferro
grezza.

Bedna byla malá a tvarem připomínala hrubou železnou klec.

Buck rimase lì per tutta la notte, pieno di rabbia e di
orgoglio ferito.

Buck tam ležel celou noc, plný hněvu a zraněné hrdosti.

Non riusciva nemmeno a capire cosa gli stesse succedendo.

Nemohl ani začít chápat, co se s ním děje.

Perché quegli strani uomini lo tenevano in quella piccola
cassa?

Proč ho tihle podivní muži drželi v téhle malé kleci?

Cosa volevano da lui e perché questa crudele prigionia?

Co s ním chtěli a proč toto kruté zajetí?

Sentì una pressione oscura e la sensazione che il disastro si
avvicinasse.

Cítil temný tlak; pocit blížící se katastrofy.

Era una paura vaga, ma si impadronì pesantemente del suo spirito.

Byl to neurčitý strach, ale těžce ho zasáhl.

Diverse volte sobbalzò quando la porta del capanno sbatteva.

Několikrát vyskočil, když zarachotily dveře kůlny.

Si aspettava che il giudice o i ragazzi apparissero e lo salvassero.

Čekal, že se objeví soudce nebo chlapci a zachrání ho.

Ma ogni volta solo la faccia grassa del gestore del saloon faceva capolino all'interno.

Ale dovnitř pokaždé nakoukl jen tlustý obličej majitele saloonu.

Il volto dell'uomo era illuminato dalla debole luce di una candela di sego.

Mužovu tvář osvětlovala slabá záře lojové svíčky.

Ogni volta, il latrato gioioso di Buck si trasformava in un ringhio basso e arrabbiato.

Pokaždé se Buckovo radostné štěkání změnilo v tiché, rozzlobené vrčení.

Il gestore del saloon lo ha lasciato solo per la notte nella cassa

Hostinský ho nechal na noc samotného v kleci

Ma quando si svegliò la mattina seguente, altri uomini stavano arrivando.

Ale když se ráno probudil, přicházeli další muži.

Arrivarono quattro uomini e, con cautela, sollevarono la cassa senza dire una parola.

Přišli čtyři muži a beze slova opatrně zvedli bednu.

Buck capì subito in quale situazione si trovava.

Buck si okamžitě uvědomil, v jaké situaci se nachází.

Erano ulteriori tormentatori che doveva combattere e temere.

Byli to další mučitelé, s nimiž musel bojovat a kterých se bát.

Questi uomini apparivano malvagi, trasandati e molto mal curati.

Tito muži vypadali zle, otrhaně a velmi špatně upraveně.
Buck ringhiò e si lanciò contro di loro con furia attraverso le sbarre.
Buck zavrčel a zuřivě se na ně vrhl skrz mříže.
Si limitarono a ridere e a colpirlo con lunghi bastoni di legno.
Jen se smáli a píchali do něj dlouhými dřevěnými holemi.
Buck morse i bastoncini, poi capì che era quello che gli piaceva.
Buck se zakousl do klacíků a pak si uvědomil, že tohle mají rádi.
Così si sdraiò in silenzio, imbronciato e acceso da una rabbia silenziosa.
Tak si tiše lehl, zachmuřený a hořící tichým vztekem.
Caricarono la cassa su un carro e se ne andarono con lui.
Naložili bednu do vozu a odvezli s ním pryč.
La cassa, con Buck chiuso dentro, cambiò spesso proprietario.
Bedna s Buckem zamčeným uvnitř často měnila majitele.
Gli impiegati dell'ufficio espresso presero in mano la situazione e si occuparono di lui per un breve periodo.
Úředníci expresní kanceláře se ujali řízení a krátce se s ním vypořádali.
Poi un altro carro trasportò Buck attraverso la rumorosa città.
Pak další vůz vezl Bucka přes hlučné město.
Un camion lo portò con sé scatole e pacchi su un traghetto.
Nákladní auto ho s krabicemi a balíky odvezlo na trajekt.
Dopo l'attraversamento, il camion lo scaricò presso un deposito ferroviario.
Po překročení hranice ho nákladní vůz vyložil v železniční stanici.
Alla fine Buck venne fatto salire a bordo di un vagone espresso in attesa.
Konečně Bucka umístili do čekajícího rychlíku.
Per due giorni e due notti i treni trascinarono via il vagone espresso.
Dva dny a noci vlaky odtahovaly rychlík.

Buck non mangiò né bevve durante tutto il doloroso viaggio.
Buck během celé bolestivé cesty nejedl ani nepil.
Quando i messaggeri cercarono di avvicinarlo, lui ringhiò.
Když se k němu kurýři pokusili přiblížit, zavrčel.
Risposero prendendolo in giro e prendendolo in giro crudelmente.
Reagovali tím, že se mu posmívali a krutě si z něj utahovali.
Buck si gettò contro le sbarre, schiumando e tremando
Buck se vrhl k mřížím, pěnil a třásl se
risero sonoramente e lo presero in giro come i bulli della scuola.
hlasitě se smáli a posmívali se mu jako školní tyrani.
Abbaiavano come cani finti e agitavano le braccia.
Štěkali jako falešní psi a mávali rukama.
Arrivarono persino a cantare come galli, solo per farlo arrabbiare ancora di più.
Dokonce kokrhali jako kohouti, jen aby ho ještě víc rozrušili.
Era un comportamento sciocco e Buck sapeva che era ridicolo.
Bylo to hloupé chování a Buck věděl, že je to absurdní.
Ma questo non fece altro che accrescere il suo senso di indignazione e vergogna.
To ale jen prohloubilo jeho pocit rozhořčení a studu.
Durante il viaggio la fame non lo disturbò molto.
Během cesty ho hlad moc netrápil.
Ma la sete portava con sé dolori acuti e sofferenze insopportabili.
Ale žízeň přinášela ostrou bolest a nesnesitelné utrpení.
La sua gola secca e infiammata e la lingua bruciavano per il calore.
Suché, zanícené hrdlo a jazyk ho pálily horkem.
Questo dolore alimentava la febbre che cresceva nel suo corpo orgoglioso.
Tato bolest živila horečku, která stoupala v jeho pyšném těle.
Durante questa prova Buck fu grato per una sola cosa.
Buck byl během této zkoušky vděčný za jednu jedinou věc.
Gli avevano tolto la corda dal grosso collo.

Provaz mu byl sundán z tlustého krku.

La corda aveva dato a quegli uomini un vantaggio ingiusto e crudele.

Lano poskytlo těm mužům nespravedlivou a krutou výhodu.

Ora la corda non c'era più e Buck giurò che non sarebbe mai più tornata.

Teď bylo lano pryč a Buck přísahal, že se už nikdy nevrátí.

Decise che nessuna corda gli sarebbe mai più passata intorno al collo.

Rozhodl se, že si už nikdy nebude moci uvázat žádné lano kolem krku.

Per due lunghi giorni e due lunghe notti soffrì senza cibo.

Dva dlouhé dny a noci trpěl bez jídla.

E in quelle ore, accumulò dentro di sé una rabbia enorme.

A v těch hodinách v sobě nashromáždil obrovský vztek.

I suoi occhi diventarono iniettati di sangue e selvaggi per la rabbia costante.

Oči měl podlité krví a divoké neustálým hněvem.

Non era più Buck, ma un demone con le fauci che schioccavano.

Už to nebyl Buck, ale démon s cvakajícími čelistmi.

Nemmeno il Giudice avrebbe potuto riconoscere questa folle creatura.

Ani Soudce by toho šíleného tvora nepoznal.

I messaggeri espressi tirarono un sospiro di sollievo quando giunsero a Seattle

Poslové si s úlevou povzdechli, když dorazili do Seattlu

Quattro uomini sollevarono la cassa e la portarono in un cortile sul retro.

Čtyři muži zvedli bednu a odnesli ji na dvůr.

Il cortile era piccolo, circondato da mura alte e solide.

Dvůr byl malý, obehnaný vysokými a pevnými zdmi.

Un uomo corpulento uscì dalla stanza con una scollatura larga e una camicia rossa.

Vyšel z něj velký muž v ochablém červeném svetru.

Firmò il registro delle consegne con una calligrafia spessa e decisa.

Podepsal dodací knihu tlustým a tučným písmem.

Buck intuì subito che quell'uomo era il suo prossimo aguzzino.

Buck okamžitě vycítil, že tento muž je jeho dalším mučitelem.

Si lanciò violentemente contro le sbarre, con gli occhi rossi di rabbia.

Prudce se vrhl na mříže, oči zarudlé vzteky.

L'uomo si limitò a sorridere amaramente e andò a prendere un'ascia.

Muž se jen temně usmál a šel si pro sekerku.

Teneva anche una mazza nella sua grossa e forte mano destra.

Také si přinesl kyj ve své silné a silné pravé ruce.

"Lo porterai fuori adesso?" chiese l'autista preoccupato.

„Vy ho teď vezmete ven?" zeptal se řidič znepokojeně.

"Certo", disse l'uomo, infilando l'ascia nella cassa come se fosse una leva.

„Jasně," řekl muž a zapíchl sekerku do bedny jako páku.

I quattro uomini si dileguarono all'istante, saltando sul muro del cortile.

Čtyři muži se okamžitě rozprchli a vyskočili na zeď dvora.

Dai loro punti sicuri in alto, aspettavano di ammirare lo spettacolo.

Ze svých bezpečných míst nahoře čekali, až budou moci sledovat podívanou.

Buck si lanciò contro il legno scheggiato, mordendolo e scuotendolo violentemente.

Buck se vrhl na roztříštěné dřevo, kousal a prudce se třásl.

Ogni volta che l'ascia colpiva la gabbia, Buck era lì pronto ad attaccarla.

Pokaždé, když sekera zasáhla klec, Buck tam byl, aby na ni zaútočil.

Ringhiò e schioccò le dita in preda a una rabbia selvaggia, desideroso di essere liberato.

Vrčel a štěkal divokým vztekem, dychtivý po osvobození.

L'uomo all'esterno era calmo e fermo, concentrato sul suo compito.

Muž venku byl klidný a vyrovnaný, soustředěný na svůj úkol.

"Bene allora, diavolo dagli occhi rossi", disse quando il buco fu grande.

„Tak dobře, ty rudokoučký ďáble," řekl, když se díra zvětšila.

Lasciò cadere l'ascia e prese la mazza nella mano destra.

Odhodil sekerku a vzal kyj do pravé ruky.

Buck sembrava davvero un diavolo: aveva gli occhi iniettati di sangue e fiammeggianti.

Buck vypadal opravdu jako ďábel; oči podlité krví a planoucí.

Il suo pelo si rizzò, la schiuma gli salì alla bocca e gli occhi brillarono.

Srst se mu ježila, u úst se mu pěnila pěna a oči se mu leskly.

Lui tese i muscoli e si lanciò dritto verso il maglione rosso.

Napjal svaly a vrhl se přímo na červený svetr.

Centoquaranta libbre di furia si riversarono sull'uomo calmo.

Na klidného muže vystřelilo sto čtyřicet liber zuřivosti.

Un attimo prima che le sue fauci si chiudessero, un colpo terribile lo colpì.

Těsně předtím, než se mu čelisti sevřely, ho zasáhla strašlivá rána.

I suoi denti si schioccarono insieme solo sull'aria

Jeho zuby cvakaly jen ve vzduchu

una scossa di dolore gli risuonò nel corpo

jeho tělem projela vlna bolesti

Si capovolse a mezz'aria e cadde sulla schiena e su un fianco.

Ve vzduchu se převrátil a zřítil se na záda a bok.

Non aveva mai sentito prima un colpo di mazza e non riusciva a sostenerlo.

Nikdy předtím necítil úder kyjem a nedokázal ho uchopit.

Con un ringhio acuto, in parte abbaio, in parte urlo, saltò di nuovo.

S pronikavým zavrčením, zčásti štěkotem, zčásti křikem, znovu skočil.

Un altro colpo violento lo colpì e lo scaraventò a terra.

Další brutální úder ho zasáhl a srazil ho k zemi.

Questa volta Buck capì: era la pesante clava dell'uomo.

Tentokrát Buck pochopil – byl to mužův těžký kyj.

Ma la rabbia lo accecò e non pensò minimamente di ritirarsi.

Ale vztek ho oslepil a na ústup neměl ani pomyšlení.

Dodici volte si lanciò e dodici volte cadde.

Dvanáctkrát se vrhl a dvanáctkrát spadl.

La mazza di legno lo colpiva ogni volta con una forza spietata e schiacciante.

Dřevěná kyj ho pokaždé rozdrtila nemilosrdnou, drtivou silou.

Dopo un colpo violento, si rialzò barcollando, stordito e lento.

Po jedné prudké ráně se omámený a pomalý potácel na nohy.

Il sangue gli colava dalla bocca, dal naso e perfino dalle orecchie.

Krev mu tekla z úst, nosu a dokonce i z uší.

Il suo mantello, un tempo bellissimo, era imbrattato di schiuma insanguinata.

Jeho kdysi krásný kabát byl potřísněný krvavou pěnou.

Poi l'uomo si fece avanti e gli sferrò un violento colpo al naso.

Pak muž přistoupil a zasadil mu ošklivou ránu do nosu.

L'agonia fu più acuta di qualsiasi cosa Buck avesse mai provato.

Bolest byla prudší než cokoli, co Buck kdy zažil.

Con un ruggito più da bestia che da cane, balzò di nuovo all'attacco.

S řevem, spíše zvířecím než psím, znovu skočil do útoku.

Ma l'uomo gli afferrò la mascella inferiore e la torse all'indietro.

Ale muž ho chytil za spodní čelist a zkroutil ji dozadu.

Buck si girò a testa in giù e cadde di nuovo violentemente al suolo.

Buck se převrátil přes uši a znovu tvrdě dopadl.

Un'ultima volta, Buck si lanciò verso di lui, ormai a malapena in grado di reggersi in piedi.

Buck se na něj naposledy vrhl, sotva se udržel na nohou.

L'uomo colpì con sapiente tempismo, sferrando il colpo finale.

Muž udeřil s mistrem včas a zasadil poslední úder.

Buck crollò a terra, privo di sensi e immobile.

Buck se zhroutil na hromadu, v bezvědomí a bez hnutí.

"Non è uno stupido ad addestrare i cani, ecco cosa dico io", urlò un uomo.

„V líčení psů není žádný frajer, to říkám já," zařval muž.

"Druther può spezzare la volontà di un segugio in qualsiasi giorno della settimana."

„Druther dokáže zlomit vůli psa kterýkoli den v týdnu."

"E due volte di domenica!" aggiunse l'autista.

„A dvakrát v neděli!" dodal řidič.

Salì sul carro e tirò le redini per partire.

Vylezl do vozu a šťouchl otěžemi, aby odešel.

Buck riprese lentamente il controllo della sua coscienza

Buck pomalu znovu nabýval kontroly nad svým vědomím.

ma il suo corpo era ancora troppo debole e rotto per muoversi.

ale jeho tělo bylo stále příliš slabé a zlomené na to, aby se pohnul.

Rimase lì dove era caduto, osservando l'uomo con il maglione rosso.

Ležel tam, kde padl, a pozoroval muže v červeném svetru.

"Risponde al nome di Buck", disse l'uomo, leggendo ad alta voce.

„Reaguje na jméno Buck," řekl muž a četl nahlas.

Citò la nota inviata con la cassa di Buck e i dettagli.

Citoval ze vzkazu zaslaného s Buckovou bednou a s podrobnostmi.

"Bene, Buck, ragazzo mio", continuò l'uomo con tono amichevole,

„No, Bucku, chlapče," pokračoval muž přátelským tónem,

"Abbiamo avuto il nostro piccolo litigio, e ora tra noi è finita."

„Měli jsme naši malou hádku a teď je mezi námi konec."

"Tu hai imparato qual è il tuo posto, e io ho imparato qual è il mio", ha aggiunto.

„Naučil ses, kde je tvé místo, a já jsem se naučil, kde je to moje," dodal.

"Sii buono e tutto andrà bene e la vita sarà piacevole."

„Buď hodný, všechno půjde dobře a život bude příjemný."

"Ma se sei cattivo, ti spaccherò a morte, capito?"

„Ale buď zlý a já tě zmlátím, rozumíš?"

Mentre parlava, allungò la mano e accarezzò la testa dolorante di Buck.

Zatímco mluvil, natáhl ruku a poplácal Bucka po bolavé hlavě.

I capelli di Buck si rizzarono al tocco dell'uomo, ma lui non oppose resistenza.

Buckovi se při mužově dotyku zježily vlasy, ale nekladl odpor.

L'uomo gli portò dell'acqua e Buck la bevve a grandi sorsi.

Muž mu přinesl vodu, kterou Buck pil velkými doušky.

Poi arrivò la carne cruda, che Buck divorò pezzo per pezzo.

Pak přišlo syrové maso, které Buck hltal kus po kusu.

Sapeva di essere stato sconfitto, ma sapeva anche di non essere distrutto.

Věděl, že je poražen, ale také věděl, že není zlomený.

Non aveva alcuna possibilità contro un uomo armato di manganello.

Proti muži ozbrojenému obuškem neměl šanci.

Aveva imparato la verità e non dimenticò mai quella lezione.

Poznal pravdu a na tuto lekci nikdy nezapomněl.

Quell'arma segnò l'inizio della legge nel nuovo mondo di Buck.

Tato zbraň byla počátkem práva v Buckově novém světě.

Fu l'inizio di un ordine duro e primitivo che non poteva negare.

Byl to začátek drsného, primitivního řádu, který nemohl popřít.

Accettò la verità: i suoi istinti selvaggi erano ormai risvegliati.

Přijal pravdu; jeho divoké instinkty se nyní probudily.

Il mondo era diventato più duro, ma Buck lo affrontò coraggiosamente.

Svět se stal drsnějším, ale Buck mu statečně čelil.

Affrontò la vita con una nuova cautela, astuzia e una forza silenziosa.

Životu se postavil s novou opatrností, lstí a tichou silou.

Arrivarono altri cani, legati con corde o gabbie, come era successo a Buck.

Přijeli další psi, uvázaní v provazech nebo klecích, jako předtím Buck.

Alcuni cani procedevano con calma, altri si infuriavano e combattevano come bestie feroci.

Někteří psi přicházeli klidně, jiní zuřili a prali se jako divoká zvířata.

Tutti loro furono sottoposti al dominio dell'uomo con il maglione rosso.

Všichni byli podrobeni vládě muže v rudém svetru.

Ogni volta Buck osservava e vedeva svolgersi la stessa lezione.

Buck pokaždé sledoval a viděl, jak se odvíjí totéž.

L'uomo con la clava era la legge: un padrone a cui obbedire.

Muž s kyjem byl zákon; pán, kterého je třeba poslouchat.

Non era necessario che gli piacesse, ma che gli si obbedisse.

Nepotřeboval být oblíbený, ale musel být poslouchán.

Buck non si è mai mostrato adulatore o scodinzolante come facevano i cani più deboli.

Buck se nikdy nepodlézal ani nevrátil jako slabší psi.

Vide dei cani che erano stati picchiati e che continuavano a leccare la mano dell'uomo.

Viděl zbité psy a přesto olizovali muži ruku.

Vide un cane che non obbediva né si sottometteva affatto.

Viděl jednoho psa, který vůbec neposlouchal ani se nepodřizoval.

Quel cane ha combattuto fino alla morte nella battaglia per il controllo.

Ten pes bojoval, dokud nebyl zabit v bitvě o kontrolu.

A volte degli sconosciuti venivano a trovare l'uomo con il maglione rosso.

Za mužem v červeném svetru občas chodili cizí lidé.

Parlavano con toni strani, supplicando, contrattando e ridendo.

Mluvili podivnými tóny, prosili, smlouvali a smáli se.

Dopo aver scambiato i soldi, se ne andavano con uno o più cani.

Když se vyměňovaly peníze, odcházeli s jedním nebo více psy.

Buck si chiese dove andassero questi cani, perché nessuno faceva mai ritorno.

Buck se divil, kam se ti psi poděli, protože se žádný z nich už nikdy nevrátil.

la paura dell'ignoto riempiva Buck ogni volta che un uomo sconosciuto si avvicinava

Strach z neznáma naplňoval Bucka pokaždé, když přišel cizí muž

era contento ogni volta che veniva preso un altro cane, al posto suo.

Pokaždé byl rád, když si vzali dalšího psa, ne jeho samotného.

Ma alla fine arrivò il turno di Buck con l'arrivo di uno strano uomo.

Ale konečně přišla řada na Bucka s příchodem podivného muže.

Era piccolo, nervoso e parlava un inglese stentato e imprecava.

Byl malý, šlachovitý a mluvil lámanou angličtinou a nadával.

"Sacredam!" urlò quando vide il corpo di Buck.

„Sacredam!" vykřikl, když spatřil Buckovu postavu.

"Che cane maledetto e prepotente! Eh? Quanto costa?" chiese ad alta voce.

„To je ale zatracenej tyran! Cože? Kolik to stojí?" zeptal se nahlas.

"Trecento, ed è un regalo a quel prezzo",

„Tři sta, a za tu cenu je to dárek."

"Dato che sono soldi del governo, non dovresti lamentarti, Perrault."

„Jelikož jsou to vládní peníze, neměl byste si stěžovat, Perraulte."

Perrault sorrise pensando all'accordo che aveva appena concluso con quell'uomo.

Perrault se ušklíbl nad dohodou, kterou s tím mužem právě uzavřel.

Il prezzo dei cani è salito alle stelle a causa della domanda improvvisa.

Cena psů prudce vzrostla kvůli náhlé poptávce.

Trecento dollari non erano ingiusti per una bestia così bella.

Tři sta dolarů nebylo nefér za tak skvělé zvíře.

Il governo canadese non perderebbe nulla dall'accordo

Kanadská vláda by na dohodě nic neztratila

Né i loro comunicati ufficiali avrebbero subito ritardi nel trasporto.

Ani jejich oficiální zásilky by se nezpozdily během přepravy.

Perrault conosceva bene i cani e capì che Buck era una rarità.

Perrault znal psy dobře a viděl, že Buck je něco vzácného.

"Uno su dieci diecimila", pensò, mentre studiava la corporatura di Buck.

„Jeden z deseti deseti tisíc," pomyslel si, když si prohlížel Buckovu postavu.

Buck vide il denaro cambiare di mano, ma non mostrò alcuna sorpresa.

Buck viděl, jak peníze mění majitele, ale nedal najevo žádné překvapení.

Poco dopo lui e Curly, un gentile Terranova, furono portati via.

Brzy byli on a Kudrnatý, mírný novofundlanďan, odvedeni pryč.

Seguirono l'omino dal cortile della casa con il maglione rosso.

Sledovali malého mužíčka ze dvora rudého svetru.

Quella fu l'ultima volta che Buck vide l'uomo con la mazza di legno.

To bylo naposledy, co Buck viděl muže s dřevěnou palicí.

Dal ponte del Narwhal guardò Seattle svanire in lontananza.

Z paluby Narvala sledoval, jak Seattle mizí v dálce.
Fu anche l'ultima volta che vide le calde terre del Sud.
Bylo to také naposledy, co kdy viděl teplý Jih.
Perrault li portò sottocoperta e li lasciò con François.
Perrault je vzal do podpalubí a nechal je s Françoisem.
François era un gigante con la faccia nera e le mani ruvide e callose.
François byl obr s černou tváří a drsnýma, mozolnatýma rukama.
Era un uomo dalla carnagione scura e dalla carnagione scura, un meticcio franco-canadese.
Byl tmavý a snědý; míšenec Francouzsko-kanaďanského původu.
Per Buck, quegli uomini erano come non li aveva mai visti prima.
Buckovi připadali tito muži jako muži, jaké ještě nikdy předtím neviděl.
Nei giorni a venire avrebbe avuto modo di conoscere molti di questi uomini.
V nadcházejících dnech se s mnoha takovými muži setká.
Non cominciò ad affezionarsi a loro, ma finì per rispettarli.
Nezískal k nim sice náklonnost, ale začal si jich vážit.
Erano giusti e saggi e non si lasciavano ingannare facilmente da nessun cane.
Byli spravedliví a moudří a žádný pes je nenechal snadno oklamat.
Giudicavano i cani con calma e punivano solo quando meritavano.
Psy posuzovali klidně a trestali jen tehdy, když si to zasloužili.
Sul ponte inferiore del Narwhal, Buck e Curly incontrarono due cani.
V podpalubí Narvala potkali Buck a Kudrnatý dva psy.
Uno era un grosso cane bianco proveniente dalle lontane e gelide isole Spitzbergen.
Jeden byl velký bílý pes z dalekých, ledových Špicberk.
In passato aveva navigato su una baleniera e si era unito a un gruppo di ricerca.

Kdysi se plavil s velrybářskou lodí a připojil se k průzkumné skupině.

Era amichevole, ma astuto, subdolo e subdolo.

Byl přátelský, lstivým, zákeřným a lstivým způsobem.

Al loro primo pasto, rubò un pezzo di carne dalla padella di Buck.

Při jejich prvním jídle ukradl Buckovi z pánve kus masa.

Buck saltò per punirlo, ma la frusta di François colpì per prima.

Buck skočil, aby ho potrestal, ale Françoisův bič udeřil první.

Il ladro bianco urlò e Buck reclamò l'osso rubato.

Bílý zloděj vykřikl a Buck si vzal zpět ukradenou kost.

Questa correttezza colpì Buck e François si guadagnò il suo rispetto.

Tato spravedlivost na Bucka zapůsobila a François si jeho respekt vysloužil.

L'altro cane non lo salutò e non volle nessuno in cambio.

Druhý pes nepozdravil a ani ho na oplátku nechtěl.

Non rubava il cibo, né annusava con interesse i nuovi arrivati.

Nekradl jídlo ani se zájmem nečichal k nově příchozím.

Questo cane era cupo e silenzioso, cupo e lento nei movimenti.

Tento pes byl zachmuřený a tichý, pochmurný a pomalu se pohybující.

Avvertì Curly di stargli lontano semplicemente lanciandole un'occhiata fulminante.

Varoval Kudrnatý, aby se držela dál, tím, že se na ni zamračil.

Il suo messaggio era chiaro: lasciatemi in pace o saranno guai.

Jeho poselství bylo jasné: nechte mě být, nebo budou problémy.

Si chiamava Dave e non faceva quasi caso a ciò che lo circondava.

Jmenoval se Dave a sotva si všímal svého okolí.

Dormiva spesso, mangiava tranquillamente e sbadigliava di tanto in tanto.

Často spal, tiše jedl a občas zívl.

La nave ronzava costantemente con il rumore dell'elica sottostante.

Loď neustále hučela a dole ji tloukla vrtule.

I giorni passarono senza grandi cambiamenti, ma il clima si fece più freddo.

Dny plynuly s malými změnami, ale počasí se ochladilo.

Buck se lo sentiva nelle ossa e notò che anche gli altri lo sentivano.

Buck to cítil až v kostech a všiml si, že i ostatní.

Poi una mattina l'elica si fermò e tutto rimase immobile.

Pak se jednoho rána vrtule zastavila a všechno utichlo.

Un'energia percorse la nave: qualcosa era cambiato.

Lodí projela energie; něco se změnilo.

François scese, li mise al guinzaglio e li portò su.

François sestoupil dolů, připnul je na vodítka a vyvedl je nahoru.

Buck uscì e trovò il terreno morbido, bianco e freddo.

Buck vyšel ven a zjistil, že země je měkká, bílá a studená.

Lui fece un balzo indietro allarmato e sbuffò in preda alla confusione più totale.

Vyděšeně uskočil a zmateně si odfrkl.

Una strana sostanza bianca cadeva dal cielo grigio.

Z šedé oblohy padala podivná bílá hmota.

Si scosse, ma i fiocchi bianchi continuavano a cadergli addosso.

Zatřásl se, ale bílé vločky na něj stále dopadaly.

Annusò attentamente la sostanza bianca e ne leccò alcuni pezzetti ghiacciati.

Opatrně si přičichl k bílé hmotě a olízl pár ledových kousků.

La polvere bruciò come il fuoco e poi svanì subito dalla sua lingua.

Prášek pálil jako oheň a pak mu z jazyka zmizel.

Buck ci riprovò, sconcertato dallo strano freddo che svaniva.

Buck to zkusil znovu, zmatený podivným mizejícím chladem.

Gli uomini intorno a lui risero e Buck si sentì in imbarazzo.

Muži kolem něj se zasmáli a Buck se cítil trapně.
Non sapeva perché, ma si vergognava della sua reazione.
Nevěděl proč, ale styděl se za svou reakci.
Era la sua prima esperienza con la neve e la cosa lo confuse.
Byla to jeho první zkušenost se sněhem a to ho zmátlo.

La legge del bastone e della zanna
Zákon kyje a tesáku

Il primo giorno di Buck sulla spiaggia di Dyea è stato un terribile incubo.
Buckův první den na pláži Dyea se zdál jako hrozná noční můra.

Ogni ora portava con sé nuovi shock e cambiamenti inaspettati per Buck.
Každá hodina přinášela Buckovi nové šoky a nečekané změny.

Era stato strappato alla civiltà e gettato nel caos più totale.
Byl vytržen z civilizace a vržen do divokého chaosu.

Questa non era una vita soleggiata e pigra, fatta di noia e riposo.
Tohle nebyl žádný slunečný, lenivý život plný nudy a odpočinku.

Non c'era pace, né riposo, né momento senza pericolo.
Nebyl žádný klid, žádný odpočinek a žádná chvíle bez nebezpečí.

La confusione regnava su tutto e il pericolo era sempre vicino.
Všemu vládl zmatek a nebezpečí bylo neustále nablízku.

Buck doveva stare attento perché quegli uomini e quei cani erano diversi.
Buck musel zůstat ve střehu, protože tihle muži a psi byli jiní.

Non provenivano da città; erano selvaggi e spietati.
Nebyli z měst; byli divocí a nemilosrdní.

Questi uomini e questi cani conoscevano solo la legge del bastone e della zanna.
Tito muži a psi znali jen zákon kyje a tesáku.

Buck non aveva mai visto dei cani combattere come questi feroci husky.
Buck nikdy neviděl psy prát se tak divokými husky.

La sua prima esperienza gli insegnò una lezione che non avrebbe mai dimenticato.
Jeho první zkušenost mu dala lekci, na kterou nikdy nezapomene.

Fu una fortuna che non fosse lui, altrimenti sarebbe morto anche lui.

Měl štěstí, že to nebyl on, jinak by taky zemřel.

Curly era quello che soffriva, mentre Buck osservava e imparava.

Kudrnatý byl ten, kdo trpěl, zatímco Buck se díval a učil.

Si erano accampati vicino a un deposito costruito con tronchi.

Utábořili se poblíž skladu postaveného z klád.

Curly cercò di essere amichevole con un grosso husky simile a un lupo.

Kudrnatý se snažil být přátelský k velkému, vlkovi podobnému huskymu.

L'husky era più piccolo di Curly, ma aveva un aspetto selvaggio e cattivo.

Husky byl menší než Kudrnatý, ale vypadal divoce a zle.

Senza preavviso, lui saltò su e le tagliò il viso.

Bez varování skočil a rozřízl jí obličej.

Con un solo movimento i suoi denti le tagliarono l'occhio fino alla mascella.

Jeho zuby jí jedním pohybem prořízly od oka až k čelisti.

Ecco come combattevano i lupi: colpivano velocemente e saltavano via.

Takhle vlci bojovali – rychle udeřili a odskočili.

Ma c'era molto di più da imparare da quell'unico attacco.

Ale z toho jednoho útoku se dalo poučit víc.

Decine di husky si precipitarono dentro e formarono un cerchio silenzioso.

Desítky huskyů se vřítily dovnitř a vytvořily tichý kruh.

Osservavano attentamente e si leccavano le labbra per la fame.

Pozorně se dívali a hladem si olizovali rty.

Buck non capiva il loro silenzio né i loro occhi ansiosi.

Buck nechápal jejich mlčení ani jejich dychtivé oči.

Curly si lanciò ad attaccare l'husky una seconda volta.

Kudrnatý se vrhl na huskyho podruhé, aby ho napadl.

Usò il suo petto per buttarla a terra con un movimento violento.

Silným pohybem hrudníku ji srazil k zemi.

Cadde su un fianco e non riuscì più a rialzarsi.

Spadla na bok a nemohla se znovu zvednout.

Era proprio quello che gli altri aspettavano da tempo.

Na to ostatní celou dobu čekali.

Gli husky le saltarono addosso, guaindo e ringhiando freneticamente.

Huskyové na ni skočili, štěkali a vrčeli v zuřivosti.

Lei urlò mentre la seppellivano sotto una pila di cani.

Křičela, když ji pohřbili pod hromadou psů.

L'attacco fu così rapido che Buck rimase immobile per lo shock.

Útok byl tak rychlý, že Buck šokem ztuhl na místě.

Vide Spitz tirare fuori la lingua in un modo che sembrava una risata.

Viděl, jak Spitz vyplazuje jazyk způsobem, který vypadal jako smích.

François afferrò un'ascia e corse dritto verso il gruppo di cani.

François popadl sekeru a vběhl přímo do skupiny psů.

Altri tre uomini hanno usato dei manganelli per allontanare gli husky.

Tři další muži používali obušky, aby odháněli huskyje.

In soli due minuti la lotta finì e i cani se ne andarono.

Za pouhé dvě minuty byl boj u konce a psi byli pryč.

Curly giaceva morta nella neve rossa calpestata, con il corpo fatto a pezzi.

Kudrnatý ležela mrtvá v červeném, ušlapaném sněhu, tělo roztrhané na kusy.

Un uomo dalla pelle scura era in piedi davanti a lei, maledicendo la scena brutale.

Nad ní stál tmavovlasý muž a proklínal tu brutální scénu.

Il ricordo rimase con Buck e ossessionò i suoi sogni notturni.

Vzpomínka Bucka zůstala v paměti a v noci ho pronásledovala ve snech.

Ecco come funzionava: niente equità, niente seconda possibilità.

Tak to tady platilo; žádná spravedlnost, žádná druhá šance.

Una volta caduto un cane, gli altri lo uccidevano senza pietà.

Jakmile pes spadl, ostatní ho bez milosti zabili.

Buck decise allora che non si sarebbe mai lasciato cadere.

Buck se tehdy rozhodl, že si nikdy nedovolí spadnout.

Spitz tirò fuori di nuovo la lingua e rise guardando il sangue.

Spitz znovu vyplazil jazyk a zasmál se krvi.

Da quel momento in poi, Buck odiò Spitz con tutto il cuore.

Od té chvíle Buck Spitze nenáviděl celým svým srdcem.

Prima che Buck potesse riprendersi dalla morte di Curly, accadde qualcosa di nuovo.

Než se Buck stačil vzpamatovat z Kudrnatýho smrti, stalo se něco nového.

François si avvicinò e legò qualcosa attorno al corpo di Buck.

François přišel a něco Buckovi přivázal kolem těla.

Era un'imbracatura simile a quelle usate per i cavalli al ranch.

Byl to postroj, jaký se používá na koních na rančí.

Così come Buck aveva visto lavorare i cavalli, ora era costretto a lavorare anche lui.

Stejně jako Buck viděl koně pracovat, teď musel pracovat i on.

Dovette trascinare François su una slitta nella foresta vicina.

Musel Françoise odtáhnout na saních do nedalekého lesa.

Poi dovette trascinare indietro un pesante carico di legna da ardere.

Pak musel odtáhnout náklad těžkého palného dřeva.

Buck era orgoglioso e gli faceva male essere trattato come un animale da lavoro.

Buck byl pyšný, takže ho bolelo, když se s ním zacházelo jako s pracovním zvířetem.

Ma era saggio e non cercò di combattere la nuova situazione.

Ale byl moudrý a nesnažil se s novou situací bojovat.

Accettò la sua nuova vita e diede il massimo in ogni compito.

Přijal svůj nový život a v každém úkolu vydal ze sebe maximum.

Tutto di quel lavoro gli risultava strano e sconosciuto.

Všechno na té práci mu bylo zvláštní a neznámé.

François era severo e pretendeva obbedienza senza indugio.

François byl přísný a vyžadoval poslušnost bez prodlení.

La sua frusta garantiva che ogni comando venisse eseguito immediatamente.

Jeho bič zajistil, aby byl každý povel splněn najednou.

Dave era il timoniere, il cane più vicino alla slitta dietro Buck.

Dave byl ten, kdo jezdil po saních, pes byl nejblíže za Buckem.

Se commetteva un errore, Dave mordeva Buck sulle zampe posteriori.

Dave kousl Bucka do zadních nohou, když udělal chybu.

Spitz era il cane guida, abile ed esperto nel ruolo.

Špic byl vedoucím psem, v této roli zručný a zkušený.

Spitz non riusciva a raggiungere Buck facilmente, ma lo corresse comunque.

Spitz se k Buckovi nemohl snadno dostat, ale přesto ho opravil.

Ringhiava aspramente o tirava la slitta in modi che insegnavano a Buck.

Drsně vrčel nebo táhl saně způsobem, který Bucka učil.

Grazie a questo addestramento, Buck imparò più velocemente di quanto tutti si aspettassero.

Díky tomuto výcviku se Buck učil rychleji, než kdokoli z nich očekával.

Lavorò duramente e imparò sia da François che dagli altri cani.

Tvrdě pracoval a učil se jak od Françoise, tak od ostatních psů.

Quando tornarono, Buck conosceva già i comandi chiave.

Než se vrátili, Buck už znal klíčové povely.

Imparò a fermarsi al suono della parola "oh" di François.

Naučil se zastavit při zvuku „hó" od Françoise.

Imparò quando era il momento di tirare la slitta e correre.
Naučil se, kdy musí táhnout sáně a běžet.
Imparò a svoltare senza problemi nelle curve del sentiero.
Naučil se bez problémů zatáčet v zatáčkách.
Imparò anche a evitare Dave quando la slitta scendeva velocemente.
Také se naučil vyhýbat Daveovi, když sáně jely rychle z kopce.
"Sono cani molto buoni", disse orgoglioso François a Perrault.
„Jsou to moc dobří psi," řekl François hrdě Perraultovi.
"Quel Buck tira come un dannato, glielo insegno subito."
„Ten Buck táhne jako čert – učím ho to nejrychleji."

Più tardi quel giorno, Perrault tornò con altri due husky.
Později téhož dne se Perrault vrátil s dalšími dvěma husky.
Si chiamavano Billee e Joe ed erano fratelli.
Jmenovali se Billee a Joe a byli to bratři.
Provenivano dalla stessa madre, ma non erano affatto simili.
Pocházeli od stejné matky, ale vůbec si nebyli podobní.
Billee era un tipo dolce e molto amichevole con tutti.
Billee byla dobrosrdečná a ke všem až příliš přátelská.
Joe era l'opposto: silenzioso, arrabbiato e sempre ringhiante.
Joe byl pravý opak – tichý, rozzlobený a neustále vrčící.
Buck li salutò amichevolmente e si mantenne calmo con entrambi.
Buck je přátelsky pozdravil a choval se k oběma klidně.
Dave non prestò loro attenzione e rimase in silenzio come al solito.
Dave si jich nevšímal a jako obvykle mlčel.
Spitz attaccò prima Billee, poi Joe, per dimostrare la sua superiorità.
Spitz zaútočil nejprve na Billeeho a poté na Joea, aby ukázal svou dominanci.
Billee scodinzolava e cercava di essere amichevole con Spitz.
Billee vrtěl ocasem a snažil se být ke Spitzovi přátelský.
Quando questo non funzionò, cercò di scappare.
Když to nezabralo, zkusil raději utéct.

Pianse tristemente quando Spitz lo morse forte sul fianco.
Smutně se rozplakal, když ho Spitz silně kousl do boku.
Ma Joe era molto diverso e si rifiutava di farsi prendere in giro.
Ale Joe byl úplně jiný a odmítl se nechat šikanovat.
Ogni volta che Spitz si avvicinava, Joe si girava velocemente per affrontarlo.
Pokaždé, když se Spitz přiblížil, Joe se k němu rychle otočil čelem.
La sua pelliccia si drizzò, le sue labbra si arricciarono e i suoi denti schioccarono selvaggiamente.
Srst se mu ježila, rty se mu zkřivily a zuby divoce cvakaly.
Gli occhi di Joe brillavano di paura e rabbia, sfidando Spitz a colpire.
Joeovy oči se leskly strachem a vztekem a vyzývaly Spitze k úderu.
Spitz abbandonò la lotta e si voltò, umiliato e arrabbiato.
Spitz vzdal boj a odvrátil se, ponížený a rozzlobený.
Sfogò la sua frustrazione sul povero Billee e lo cacciò via.
Vybil si svou frustraci na chudákovi Billeem a zahnal ho pryč.
Quella sera Perrault aggiunse un altro cane alla squadra.
Toho večera Perrault přidal do týmu dalšího psa.
Questo cane era vecchio, magro e coperto di cicatrici di battaglia.
Tento pes byl starý, hubený a pokrytý jizvami z bitev.
Gli mancava un occhio, ma l'altro brillava di potere.
Jedno jeho oko chybělo, ale druhé zářilo silou.
Il nome del nuovo cane era Solleks, che significa "l'Arrabbiato".
Nový pes se jmenoval Solleks, což znamenalo Rozzlobený.
Come Dave, Solleks non chiedeva nulla agli altri e non dava nulla in cambio.
Stejně jako Dave, ani Solleks od ostatních nic nežádal a nic jim ani nedával.
Quando Solleks entrò lentamente nell'accampamento, persino Spitz rimase lontano.
Když Solleks pomalu vešel do tábora, i Spitz se držel stranou.

Aveva una strana abitudine che Buck ebbe la sfortuna di scoprire.

Měl zvláštní zvyk, který Buck bohužel objevil.

Solleks detestava essere avvicinato dal lato in cui era cieco.

Solleks nesnášel, když se k němu přibližovali ze strany, kde byl slepý.

Buck non lo sapeva e commise quell'errore per sbaglio.

Buck to nevěděl a té chyby se dopustil omylem.

Solleks si voltò di scatto e colpì la spalla di Buck in modo profondo e rapido.

Solleks se otočil a rychle a hluboce seknul Bucka do ramene.

Da quel momento in poi, Buck non si avvicinò mai più al lato cieco di Solleks.

Od té chvíle se Buck nikdy nepřiblížil k Solleksově slepé straně.

Non ebbero mai più problemi per il resto del tempo che trascorsero insieme.

Po zbytek doby, co spolu strávili, už nikdy neměli problémy.

Solleks voleva solo essere lasciato solo, come il tranquillo Dave.

Solleks chtěl jen být sám, jako tichý Dave.

Ma Buck avrebbe scoperto in seguito che ognuno di loro aveva un altro obiettivo segreto.

Buck se ale později dozvěděl, že každý z nich měl ještě jeden tajný cíl.

Quella notte Buck si trovò ad affrontare una nuova e preoccupante sfida: come dormire.

Té noci čelil Buck nové a znepokojivé výzvě – jak spát.

La tenda era illuminata caldamente dalla luce delle candele nel campo innevato.

Stan v zasněženém poli hřejivě zářil světlem svíček.

Buck entrò, pensando che lì avrebbe potuto riposare come prima.

Buck vešel dovnitř a pomyslel si, že si tam může odpočinout jako předtím.

Ma Perrault e François gli urlarono contro e gli tirarono delle padelle.

Ale Perrault a François na něj křičeli a házeli po něm pánve.
Sconvolto e confuso, Buck corse fuori nel freddo gelido.
Šokovaný a zmatený Buck vyběhl ven do mrazivé zimy.
Un vento gelido gli pungeva la spalla ferita e gli congelava le zampe.
Prudký vítr ho štípal do zraněného ramene a omrzl mu tlapky.
Si sdraiò sulla neve e cercò di dormire all'aperto.
Lehl si do sněhu a snažil se spát venku pod širým nebem.
Ma il freddo lo costrinse presto a rialzarsi, tremando forte.
Ale zima ho brzy donutila znovu vstát, silně se třásl.
Vagò per l'accampamento, cercando di trovare un posto più caldo.
Procházel se táborem a snažil se najít teplejší místo.
Ma ogni angolo era freddo come quello precedente.
Ale každý kout byl stejně studený jako ten předchozí.
A volte dei cani feroci gli saltavano addosso dall'oscurità.
Někdy na něj ze tmy skákali divocí psi.
Buck drizzò il pelo, scoprì i denti e ringhiò in tono ammonitore.
Buck se naježil, vycenil zuby a varovně zavrčel.
Lui stava imparando in fretta e gli altri cani si sono subito tirati indietro.
Rychle se učil a ostatní psi rychle couvali.
Tuttavia, non aveva un posto dove dormire e non aveva idea di cosa fare.
Přesto neměl kde spát a netušil, co má dělat.
Alla fine gli venne in mente un pensiero: andare a dare un'occhiata ai suoi compagni di squadra.
Konečně ho napadlo – podívat se na své spoluhráče.
Ritornò nella loro zona e rimase sorpreso nel constatare che non c'erano più.
Vrátil se do jejich oblasti a s překvapením zjistil, že jsou pryč.
Cercò di nuovo nell'accampamento, ma ancora non riuscì a trovarli.
Znovu prohledal tábor, ale stále je nemohl najít.
Sapeva che loro non potevano stare nella tenda, altrimenti ci sarebbe stato anche lui.

Věděl, že nemohou být ve stanu, jinak by tam byl i on.

E allora, dove erano finiti tutti i cani in quell'accampamento ghiacciato?

Tak kam se všichni psi v tomhle zamrzlém táboře poděli?

Buck, infreddolito e infelice, girò lentamente intorno alla tenda.

Buck, promrzlý a nešťastný, pomalu kroužil kolem stanu.

All'improvviso, le sue zampe anteriori sprofondarono nella neve soffice e lo spaventarono.

Najednou se mu přední nohy zabořily do měkkého sněhu a vylekaly ho.

Qualcosa si mosse sotto i suoi piedi e lui fece un salto indietro per la paura.

Něco se mu zavrtělo pod nohama a on strachy uskočil.

Ringhiava e ringhiava, non sapendo cosa si nascondesse sotto la neve.

Vrčel a vrčel, aniž by tušil, co se skrývá pod sněhem.

Poi udì un piccolo abbaio amichevole che placò la sua paura.

Pak uslyšel přátelské tiché štěknutí, které zmírnilo jeho strach.

Annusò l'aria e si avvicinò per vedere cosa fosse nascosto.

Načechral vzduch a přiblížil se, aby viděl, co se skrývá.

Sotto la neve, rannicchiata in una calda palla, c'era la piccola Billee.

Pod sněhem, schoulená do teplé koule, ležela malá Billee.

Billee scodinzolò e leccò il muso di Buck per salutarlo.

Billee zavrtěl ocasem a olízl Bucka do obličeje na pozdrav.

Buck vide come Billee si era costruito un posto per dormire nella neve.

Buck viděl, jak si Billee udělala ve sněhu místo na spaní.

Aveva scavato e sfruttato il suo calore per scaldarsi.

Zakopal si hluboko a používal vlastní teplo, aby se zahřál.

Buck aveva imparato un'altra lezione: ecco come dormivano i cani.

Buck se naučil další lekci – takhle psi spali.

Scelse un posto e cominciò a scavare la sua buca nella neve.

Vybral si místo a začal si kopat díru ve sněhu.

All'inizio si muoveva troppo e sprecava energie.

Zpočátku se příliš mnoho pohyboval a plýtval energií.

Ma ben presto il suo corpo riscaldò lo spazio e si sentì al sicuro.

Ale brzy jeho tělo prostor zahřálo a on se cítil bezpečně.

Si rannicchiò forte e poco dopo si addormentò profondamente.

Pevně se schoulil a zanedlouho tvrdě usnul.

La giornata era stata lunga e dura e Buck era esausto.

Den byl dlouhý a náročný a Buck byl vyčerpaný.

Dormì profondamente e comodamente, anche se fece sogni selvaggi.

Spal hluboce a pohodlně, i když jeho sny byly divoké.

Ringhiava e abbaiava nel sonno, contorcendosi mentre sognava.

Vrčel a štěkal ve spánku a při snění se kroutil.

Buck non si svegliò finché l'accampamento non cominciò a prendere vita.

Buck se neprobudil, dokud se tábor už nezačal probouzet k životu.

All'inizio non sapeva dove si trovasse o cosa fosse successo.

Zpočátku nevěděl, kde je nebo co se stalo.

La neve era caduta durante la notte e aveva seppellito completamente il suo corpo.

Přes noc napadl sníh a jeho tělo bylo zcela pohřbeno.

La neve lo circondava, fitta su tutti i lati.

Sníh ho tlačil, těsně přiléhal ze všech stran.

All'improvviso un'ondata di paura percorse tutto il corpo di Buck.

Najednou Buckovým tělem projela vlna strachu.

Era la paura di rimanere intrappolati, una paura che proveniva da istinti profondi.

Byl to strach z uvěznění, strach pramenící z hlubokých instinktů.

Sebbene non avesse mai visto una trappola, la paura era viva dentro di lui.

Ačkoli nikdy neviděl past, strach v něm žil.

Era un cane addomesticato, ma ora i suoi vecchi istinti selvaggi si stavano risvegliando.

Byl to krotký pes, ale teď se v něm probouzely staré divoké instinkty.

I muscoli di Buck si irrigidirono e il pelo gli si rizzò su tutta la schiena.

Buckovi se napjaly svaly a srst se mu zježila po celých zádech.

Ringhiò furiosamente e balzò in piedi nella neve.

Zuřivě zavrčel a vyskočil přímo do sněhu.

La neve volava in ogni direzione mentre lui irrompeva nella luce del giorno.

Sníh létal všemi směry, když vtrhl do denního světla.

Ancora prima di atterrare, Buck vide l'accampamento disteso davanti a lui.

Ještě před přistáním Buck uviděl tábor rozprostírající se před sebou.

Ricordò tutto del giorno prima, tutto in una volta.

Vzpomněl si na všechno z předchozího dne, najednou.

Ricordava di aver passeggiato con Manuel e di essere finito in quel posto.

Vzpomněl si, jak se procházel s Manuelem a jak nakonec skončil na tomto místě.

Ricordava di aver scavato la buca e di essersi addormentato al freddo.

Vzpomněl si, jak vykopal díru a usnul v chladu.

Ora era sveglio e il mondo selvaggio intorno a lui era limpido.

Teď byl vzhůru a divoký svět kolem něj byl jasný.

Un grido di François annunciò l'improvvisa apparizione di Buck.

Françoisův výkřik oslavil Buckův náhlý příchod.

"Cosa ho detto?" gridò a gran voce il conducente del cane a Perrault.

„Co jsem říkal?" křičel hlasitě na Perraulta psí doprovod.

"Quel Buck impara sicuramente in fretta", ha aggiunto François.

„Ten Buck se učí fakt rychle," dodal François:

Perrault annuì gravemente, visibilmente soddisfatto del risultato.
Perrault vážně přikývl, zjevně spokojený s výsledkem.
In qualità di corriere del governo canadese, trasportava dispacci.
Jako kurýr kanadské vlády nosil depeše.
Era ansioso di trovare i cani migliori per la sua importante missione.
Dychtil po nalezení těch nejlepších psů pro svou důležitou misi.
Ora si sentiva particolarmente contento che Buck facesse parte della squadra.
Obzvláště ho těšilo, že Buck byl teď součástí týmu.
Nel giro di un'ora, alla squadra furono aggiunti altri tre husky.
Během hodiny byli do týmu přidáni další tři huskyové.
Ciò ha portato il numero totale dei cani della squadra a nove.
Tím se celkový počet psů v týmu zvýšil na devět.
Nel giro di quindici minuti tutti i cani erano imbracati.
Během patnácti minut byli všichni psi v postrojích.
La squadra di slitte stava risalendo il sentiero verso Dyea Cañon.
Sáňkařské spřežení se vydávalo po stezce směrem k Dyea Cañon.
Buck era contento di andarsene, anche se il lavoro che lo attendeva era duro.
Buck byl rád, že odchází, i když ho čekala těžká práce.
Scoprì di non disprezzare particolarmente né il lavoro né il freddo.
Zjistil, že práci ani zimu nijak zvlášť nenávidí.
Fu sorpreso dall'entusiasmo che pervadeva tutta la squadra.
Překvapilo ho nadšení, které naplnilo celý tým.
Ancora più sorprendente fu il cambiamento avvenuto in Dave e Solleks.
Ještě překvapivější byla změna, která se stala s Davem a Solleksem.

Questi due cani erano completamente diversi quando venivano imbrigliati.

Tito dva psi byli v době, kdy byli zapřaženi, úplně odlišní.

La loro passività e la loro disattenzione erano completamente scomparse.

Jejich pasivita a nezájem zcela zmizely.

Erano attenti e attivi, desiderosi di svolgere bene il loro lavoro.

Byli bdělí, aktivní a dychtiví dobře vykonávat svou práci.

Si irritavano ferocemente per qualsiasi cosa provocasse ritardi o confusione.

Zuřivě je podráždilo cokoli, co způsobovalo zpoždění nebo zmatek.

Il duro lavoro sulle redini era il centro del loro intero essere.

Tvrdá práce s otěžemi byla středem celé jejich bytosti.

Sembrava che l'unica cosa che gli piacesse davvero fosse tirare la slitta.

Zdálo se, že tahání saní je jediná věc, která je doopravdy bavila.

Dave era in fondo al gruppo, il più vicino alla slitta.

Dave byl vzadu ve skupině, nejblíže k samotným saním.

Buck fu messo davanti a Dave e Solleks superò Buck.

Buck se umístil před Davea a Solleks se hnal před Bucka.

Il resto dei cani era disposto in fila indiana davanti a loro.

Zbytek psů byl natažen vpředu v řadě za sebou.

La posizione di testa in prima linea era occupata da Spitz.

Vedoucí pozici vpředu obsadil Spitz.

Buck era stato messo tra Dave e Solleks per essere istruito.

Bucka umístili mezi Davea a Solleksa kvůli instrukcím.

Lui imparava in fretta e gli insegnanti erano risoluti e capaci.

Učil se rychle a oni byli důrazní a schopní učitelé.

Non permisero mai a Buck di restare a lungo nell'errore.

Nikdy nedovolili Buckovi zůstat v omylu dlouho.

Quando necessario, impartivano le lezioni con denti affilati.

V případě potřeby učili své lekce s ostrými zuby.

Dave era giusto e dimostrava una saggezza pacata e seria.

Dave byl spravedlivý a projevoval tichý, vážný druh moudrosti.

Non mordeva mai Buck senza una buona ragione.

Nikdy nekousal Bucka bez dobrého důvodu.

Ma non mancava mai di mordere quando Buck aveva bisogno di essere corretto.

Ale nikdy nezapomněl kousnout, když Buck potřeboval napravit.

La frusta di François era sempre pronta e sosteneva la loro autorità.

Françoisův bič byl vždy připravený a podporoval jejich autoritu.

Buck scoprì presto che era meglio obbedire che reagire.

Buck brzy zjistil, že je lepší poslechnout, než se bránit.

Una volta, durante un breve riposo, Buck rimase impigliato nelle redini.

Jednou, během krátkého odpočinku, se Buck zamotal do otěží.

Ritardò la partenza e confuse i movimenti della squadra.

Zdržel start a zmátl pohyb týmu.

Dave e Solleks si avventarono su di lui e lo picchiarono duramente.

Dave a Solleks se na něj vrhli a drsně ho zmlátili.

La situazione peggiorò ulteriormente, ma Buck imparò bene la lezione.

Spleť se jen zhoršovala, ale Buck se z toho dobře poučil.

Da quel momento in poi tenne le redini tese e lavorò con attenzione.

Od té chvíle držel otěže napnuté a pracoval opatrně.

Prima che la giornata finisse, Buck aveva portato a termine gran parte del suo compito.

Než den skončil, Buck zvládl většinu svého úkolu.

I suoi compagni di squadra quasi smisero di correggerlo o di morderlo.

Jeho spoluhráči ho téměř přestali opravovat nebo kousat.

La frusta di François schioccava nell'aria sempre meno spesso.

Françoisův bič praskal vzduchem čím dál méně často.

Perrault sollevò addirittura i piedi di Buck ed esaminò attentamente ogni zampa.

Perrault dokonce zvedl Buckovy nohy a pečlivě prozkoumal každou tlapku.

Era stata una giornata di corsa dura, lunga ed estenuante per tutti loro.

Byl to pro ně všechny náročný den běhu, dlouhý a vyčerpávající.

Risalirono il Cañon, attraversarono Sheep Camp e superarono le Scales.

Cestovali nahoru po kaňonu, přes Ovčí tábor a kolem Váh.

Superarono il limite della vegetazione arborea, poi ghiacciai e cumuli di neve alti diversi metri.

Překročili hranici lesa, pak ledovce a sněhové závěje hluboké mnoho stop.

Scalarono il grande e freddo Chilkoot Divide.

Vyšplhali se na velký chladný a nehostinný Chilkootský průliv.

Quella cresta elevata si ergeva tra l'acqua salata e l'interno ghiacciato.

Ten vysoký hřeben stál mezi slanou vodou a zamrzlým vnitrozemím.

Le montagne custodivano il triste e solitario Nord con ghiaccio e ripide salite.

Hory střežily smutný a osamělý Sever ledem a strmými stoupáními.

Scesero rapidamente lungo una lunga catena di laghi sotto la dorsale.

Zvládli to dobře po dlouhém řetězci jezer pod rozvodím.

Questi laghi riempivano gli antichi crateri di vulcani spenti.

Tato jezera vyplňovala starověké krátery vyhaslých sopek.

Quella notte tardi raggiunsero un grande accampamento presso il lago Bennett.

Pozdě v noci dorazili do velkého tábora u jezera Bennett.

Migliaia di cercatori d'oro erano lì, intenti a costruire barche per la primavera.

Byly tam tisíce hledačů zlata a stavěli lodě na jaro.

Il ghiaccio si sarebbe presto rotto e dovevano essere pronti.
Led se měl brzy protrhnout a oni museli být připraveni.
Buck scavò la sua buca nella neve e cadde in un sonno profondo.
Buck si vykopal díru ve sněhu a hluboce usnul.
Dormiva come un lavoratore, esausto dopo una dura giornata di lavoro.
Spal jako pracující člověk, vyčerpaný z těžkého dne dřiny.
Ma venne strappato al sonno troppo presto, nell'oscurità.
Ale příliš brzy ve tmě byl vytržen ze spánku.
Fu nuovamente imbrigliato insieme ai suoi compagni e attaccato alla slitta.
Znovu ho zapřáhli se svými druhy a připojili k saním.
Quel giorno percorsero quaranta miglia, perché la neve era ben calpestata.
Toho dne ušli šedesát mil, protože sníh byl dobře ušlapaný.
Il giorno dopo, e per molti giorni a seguire, la neve era soffice.
Následující den a ještě mnoho dní poté byl sníh měkký.
Dovettero farsi strada da soli, lavorando di più e muovendosi più lentamente.
Museli si cestu vydláždit sami, usilovněji pracovali a pohybovali se pomaleji.
Di solito, Perrault camminava davanti alla squadra con le ciaspole palmate.
Perrault obvykle kráčel před týmem na sněžnicích s plovacími blánami.
I suoi passi compattavano la neve, facilitando lo spostamento della slitta.
Jeho kroky udupaly sníh, a tak saním usnadnil pohyb.
François, che era al timone della barca a vela, a volte prendeva il comando.
François, který kormidloval od souřadnicové tyče, někdy přebíral velení.
Ma era raro che François prendesse l'iniziativa
Ale jen zřídka se François ujal vedení

perché Perrault aveva fretta di consegnare le lettere e i pacchi.

protože Perrault spěchal s doručením dopisů a balíků.

Perrault era orgoglioso della sua conoscenza della neve, e in particolare del ghiaccio.

Perrault byl hrdý na své znalosti sněhu, a zejména ledu.

Questa conoscenza era essenziale perché il ghiaccio autunnale era pericolosamente sottile.

Tato znalost byla nezbytná, protože podzimní led byl nebezpečně tenký.

Dove l'acqua scorreva rapidamente sotto la superficie non c'era affatto ghiaccio.

Tam, kde voda pod hladinou rychle proudila, nebyl vůbec žádný led.

Giorno dopo giorno, la stessa routine si ripeteva senza fine.

Den za dnem se ta samá rutina opakovala bez konce.

Buck lavorava senza sosta con le redini, dall'alba alla sera.

Buck se od úsvitu do večera nekonečně dřel v otěžích.

Lasciarono l'accampamento al buio, molto prima che sorgesse il sole.

Tábor opustili za tmy, dlouho před východem slunce.

Quando spuntò l'alba, avevano già percorso molti chilometri.

Než se rozednilo, měli už za sebou mnoho kilometrů.

Si accamparono dopo il tramonto, mangiando pesce e scavando buche nella neve.

Tábor si postavili po setmění, jedli ryby a zahrabávali se do sněhu.

Buck era sempre affamato e non era mai veramente soddisfatto della sua razione.

Buck měl pořád hlad a nikdy nebyl se svým přídělem doopravdy spokojený.

Riceveva ogni giorno mezzo chilo di salmone essiccato.

Každý den dostával půl kila sušeného lososa.

Ma il cibo sembrò svanire dentro di lui, lasciandogli solo la fame.

Ale jídlo v něm jako by mizelo a zanechávalo za sebou hlad.

Soffriva di continui morsi della fame e sognava di avere più cibo.

Trpěl neustálým hladem a snil o dalším jídle.

Gli altri cani hanno ricevuto solo mezzo chilo di cibo, ma sono rimasti forti.

Ostatní psi dostali jen půl kila jídla, ale zůstali silní.

Erano più piccoli ed erano nati in una società nordica.

Byli menší a narodili se do severského života.

Perse rapidamente la pignoleria che aveva caratterizzato la sua vecchia vita.

Rychle ztratil puntičkářskou puntičkářskou povahu, která charakterizovala jeho starý život.

Fino a quel momento era stato un mangiatore prelibato, ma ora non gli era più possibile.

Býval laskominou, ale teď už to nebylo možné.

I suoi compagni arrivarono primi e gli rubarono la razione rimasta.

Jeho kamarádi dojedli první a okradli ho o nedojedený příděl.

Una volta cominciati, non c'era più modo di difendere il cibo da loro.

Jakmile začali, nebylo možné se před nimi ubránit jeho jídlu.

Mentre lui lottava contro due o tre cani, gli altri rubarono il resto.

Zatímco on zahnal dva nebo tři psy, ostatní ukradli zbytek.

Per risolvere il problema, cominciò a mangiare velocemente come mangiavano gli altri.

Aby to napravil, začal jíst stejně rychle jako ostatní.

La fame lo spingeva così forte che arrivò persino a prendere del cibo non suo.

Hlad ho tak silně trápil, že si vzal i jídlo, které nebylo jeho vlastní.

Osservò gli altri e imparò rapidamente dalle loro azioni.

Pozoroval ostatní a rychle se z jejich chování učil.

Vide Pike, un nuovo cane, rubare una fetta di pancetta a Perrault.

Viděl Pikea, nového psa, jak ukradl Perraultovi plátek slaniny.

Pike aveva aspettato che Perrault gli voltasse le spalle per rubare la pagnotta.

Pike počkal, až se Perrault otočí zády, aby mu mohl ukrást slaninu.

Il giorno dopo, Buck copiò Pike e rubò l'intero pezzo.

Následujícího dne Buck okopíroval Pikea a ukradl celý kus.

Seguì un gran tumulto, ma Buck non fu sospettato.

Následoval velký hluk, ale Buck nebyl podezřívaný.

Al suo posto venne punito Dub, un cane goffo che veniva sempre beccato.

Místo toho byl potrestán Dub, nemotorný pes, který se vždycky nechal chytit.

Quel primo furto fece di Buck un cane adatto a sopravvivere al Nord.

Ta první krádež označila Bucka za psa schopného přežít sever.

Ha dimostrato di sapersi adattare alle nuove condizioni e di saper imparare rapidamente.

Ukázal, že se dokáže rychle přizpůsobit novým podmínkám a učit se.

Senza tale adattabilità, sarebbe morto rapidamente e gravemente.

Bez takové přizpůsobivosti by zemřel rychle a těžce.

Segnò anche il crollo della sua natura morale e dei suoi valori passati.

Znamenalo to také zhroucení jeho morální podstaty a minulých hodnot.

Nel Southland aveva vissuto secondo la legge dell'amore e della gentilezza.

V Jihu žil podle zákona lásky a laskavosti.

Lì aveva senso rispettare la proprietà e i sentimenti degli altri cani.

Tam dávalo smysl respektovat majetek a city ostatních psů.

Ma i Northland seguivano la legge del bastone e la legge della zanna.

Ale Severní země se řídila zákonem kyje a zákonem tesáku.

Chiunque rispettasse i vecchi valori era uno sciocco e avrebbe fallito.

Kdokoli zde respektoval staré hodnoty, byl hloupý a selhal by.

Buck non rifletté su tutto questo nella sua mente.

Buck si to všechno v duchu neuvažoval.

Era in forma e quindi si adattò senza pensarci due volte.

Byl v kondici, a tak se přizpůsobil, aniž by musel přemýšlet.

In tutta la sua vita non era mai fuggito da una rissa.

Celý svůj život se mu nikdy nepodařilo utéct před rvačkou.

Ma la mazza di legno dell'uomo con il maglione rosso cambiò la regola.

Ale dřevěná kyj muže v červeném svetru toto pravidlo změnila.

Ora seguiva un codice più profondo e antico, inscritto nel suo essere.

Nyní se řídil hlubším, starším kódem vepsaným do jeho bytosti.

Non rubava per piacere, ma per il dolore della fame.

Nekradl z potěšení, ale z bolesti z hladu.

Non rubava mai apertamente, ma rubava con astuzia e attenzione.

Nikdy otevřeně neloupil, ale kradl lstivě a opatrně.

Agì per rispetto verso la clava di legno e per paura delle zanne.

Jednal z úcty k dřevěné kyji a ze strachu před tesákem.

In breve, ha fatto ciò che era più facile e sicuro che non farlo.

Zkrátka udělal to, co bylo jednodušší a bezpečnější než to neudělat.

Il suo sviluppo, o forse il suo ritorno ai vecchi istinti, fu rapido.

Jeho vývoj – nebo možná jeho návrat ke starým instinktům – byl rychlý.

I suoi muscoli si indurirono fino a diventare forti come il ferro.

Jeho svaly ztvrdly, až se cítily pevné jako železo.

Non gli importava più del dolore, a meno che non fosse grave.

Už ho bolest netrápila, pokud nebyla vážná.

Divenne efficiente dentro e fuori, senza sprecare nulla.

Stal se efektivním zevnitř i zvenčí, nic neplýtval.

Poteva mangiare cose disgustose, marce o difficili da digerire.

Mohl jíst věci, které byly odporné, shnilé nebo těžko stravitelné.

Qualunque cosa mangiasse, il suo stomaco ne sfruttava ogni singolo pezzetto di valore.

Ať snědl cokoli, jeho žaludek spotřeboval každou poslední kousek cenné látky.

Il suo sangue trasportava i nutrienti in tutto il suo potente corpo.

Jeho krev roznášela živiny daleko jeho silným tělem.

Ciò gli ha permesso di sviluppare tessuti forti che gli hanno conferito un'incredibile resistenza.

Díky tomu si vybudoval silné tkáně, které mu dodávaly neuvěřitelnou vytrvalost.

La sua vista e il suo olfatto diventarono molto più sensibili di prima.

Jeho zrak a čich se staly mnohem citlivějšími než dříve.

Il suo udito diventò così acuto che riusciva a percepire anche i suoni più deboli durante il sonno.

Jeho sluch se natolik zostřil, že dokázal ve spánku rozeznat slabé zvuky.

Nei sogni sapeva se quei suoni significavano sicurezza o pericolo.

Ve snech věděl, jestli zvuky znamenají bezpečí, nebo nebezpečí.

Imparò a mordere con i denti il ghiaccio tra le dita dei piedi.

Naučil se kousat led mezi prsty na nohou zuby.

Se una pozza d'acqua si ghiacciava, lui rompeva il ghiaccio con le gambe.

Pokud zamrzla napajedla, prolámal led nohama.

Si impennò e colpì duramente il ghiaccio con gli arti anteriori rigidi.

Vzpjal se a ztuhlými předními končetinami silně udeřil do ledu.

La sua abilità più sorprendente era quella di prevedere i cambiamenti del vento durante la notte.
Jeho nejpozoruhodnější schopností bylo předpovídat změny větru přes noc.

Anche quando l'aria era immobile, sceglieva luoghi riparati dal vento.
I když byl vzduch klidný, vybíral si místa chráněná před větrem.

Ovunque scavasse il nido, il vento del giorno dopo lo superava.
Ať už si vykopal hnízdo kdekoli, vítr druhého dne ho minul.

Alla fine si ritrovava sempre al sicuro e protetto, al riparo dal vento.
Vždycky skončil útulně a chráněně, v závětří proti větru.

Buck non solo imparò dall'esperienza: anche il suo istinto tornò.
Buck se nejen poučil ze zkušeností – vrátily se mu i instinkty.

Le abitudini delle generazioni addomesticate cominciarono a scomparire.
Zvyky domestikovaných generací se začaly vytrácet.

Ricordava vagamente i tempi antichi della sua razza.
Matně si vzpomínal na dávné časy svého rodu.

Ripensò a quando i cani selvatici correvano in branco nelle foreste.
Vzpomněl si na dobu, kdy divocí psi běhali ve smečkách lesy.

Avevano inseguito e ucciso la loro preda mentre la inseguivano.
Pronásledovali a zabíjeli svou kořist, zatímco ji doháněli.

Per Buck fu facile imparare a combattere con forza e velocità.
Pro Bucka bylo snadné naučit se bojovat zuby a rychlostí.

Come i suoi antenati, usava tagli, squarci e schiocchi rapidi.
Používal řezy, seknutí a rychlé cvaknutí stejně jako jeho předkové.

Quegli antenati si risvegliarono in lui e risvegliarono la sua natura selvaggia.
Ti předkové se v něm probudí a probudí jeho divokou povahu.

Le loro vecchie abilità gli erano state trasmesse attraverso la linea di sangue.

Jejich staré dovednosti na něj přešly skrze pokrevní linii.

Ora i loro trucchi erano suoi, senza bisogno di pratica o sforzo.

Jejich triky teď byly jeho, bez nutnosti cviku nebo úsilí.

Nelle notti fredde e tranquille, Buck sollevava il naso e ululò.

Za tichých, chladných nocí Buck zvedl čumák a zavýjel.

Ululò a lungo e profondamente, come facevano i lupi tanto tempo fa.

Vyl dlouho a hluboce, jako to dělali vlci kdysi dávno.

Attraverso di lui, i suoi antenati defunti puntarono il naso e ulularono.

Skrze něj jeho mrtví předkové ukazovali nosy a vyli.

Hanno ululato attraverso i secoli con la sua voce e la sua forma.

Jeho hlasem a postavou se nesly skrz staletí vytím.

Le sue cadenze erano le loro, vecchi gridi che parlavano di dolore e di freddo.

Jeho kadence byly jejich, staré výkřiky, které vyprávěly o zármutku a zimě.

Cantavano dell'oscurità, della fame e del significato dell'inverno.

Zpívali o temnotě, hladu a významu zimy.

Buck ha dimostrato come la vita sia plasmata da forze che vanno oltre noi stessi,

Buck dokázal, jak je život formován silami mimo nás samotné.

l'antico canto risuonò nelle vene di Buck e si impadronì della sua anima.

Stará píseň stoupala Buckem a zmocňovala se jeho duše.

Ritrovò se stesso perché gli uomini avevano trovato l'oro nel Nord.

Našel se, protože muži na severu našli zlato.

E lo trovò perché Manuel, l'aiutante giardiniere, aveva bisogno di soldi.

A ocitl se v ní, protože Manuel, zahradníkův pomocník, potřeboval peníze.

La Bestia Primordiale Dominante
Dominantní Prvotní Bestie

La bestia primordiale dominante era più forte che mai in Buck.
Dominantní prvotní bestie byla v Buckovi stejně silná jako vždy.
Ma la bestia primordiale dominante era rimasta dormiente in lui.
Ale dominantní prvotní bestie v něm dřímala.
La vita sui sentieri era dura, ma rafforzava la bestia che era in Buck.
Život na stezce byl drsný, ale posílil v Buckovi zvířecí nitro.
Segretamente la bestia diventava sempre più forte ogni giorno.
Bestie tajně každým dnem sílila a sílila.
Ma quella crescita interiore è rimasta nascosta al mondo esterno.
Ale tento vnitřní růst zůstal skrytý před vnějším světem.
Una forza primordiale calma e silenziosa si stava formando dentro Buck.
V Buckovi se budovala tichá a klidná prvotní síla.
Una nuova astuzia diede a Buck equilibrio, calma e compostezza.
Nová lstivost dodala Buckovi rovnováhu, klidnou kontrolu a vyrovnanost.
Buck si concentrò molto sull'adattamento, senza mai sentirsi completamente rilassato.
Buck se usilovně soustředil na adaptaci, nikdy se necítil úplně uvolněný.

Evitava i conflitti, non iniziava mai litigi e non cercava mai
guai.
Vyhýbal se konfliktům, nikdy nezačínal hádky ani
nevyhledával potíže.
Ogni mossa di Buck era scandita da una riflessione lenta e
costante.
Buckův každý pohyb formovala pomalá, vytrvalá
přemýšlivost.
Evitava scelte avventate e decisioni improvvise e
sconsiderate.
Vyhýbal se ukvapeným rozhodnutím a náhlým, bezohledným
rozhodnutím.
Sebbene Buck odiasse profondamente Spitz, non gli mostrò
alcuna aggressività.
Ačkoli Buck Spitze hluboce nenáviděl, neprojevoval vůči
němu žádnou agresi.
Buck non provocò mai Spitz e mantenne le sue azioni
moderate.
Buck Spitze nikdy neprovokoval a své jednání udržoval
zdrženlivé.
Spitz, d'altro canto, percepì il pericolo crescente in Buck.
Spitz na druhou stranu vycítil rostoucí nebezpečí v Buckovi.
Vedeva Buck come una minaccia e una seria sfida al suo
potere.
Bucka vnímal jako hrozbu a vážnou výzvu pro svou moc.
Coglieva ogni occasione per ringhiare e mostrare i suoi denti
aguzzi.
Využil každé příležitosti k zavrčení a vycenění ostrých zubů.
Stava cercando di dare inizio allo scontro mortale che
sarebbe dovuto avvenire.
Snažil se zahájit smrtící boj, který musel přijít.
All'inizio del viaggio, tra loro scoppiò quasi una lite.
Na začátku cesty mezi nimi málem vypukla rvačka.
Ma un incidente inaspettato impedì che il combattimento
avesse luogo.
Ale nečekaná nehoda zabránila souboji.
Quella sera si accamparono sul gelido lago Le Barge.

Toho večera si postavili tábor na krutě chladném jezeře Le Barge.

La neve cadeva fitta e il vento era tagliente come una lama.

Sníh padal hustě a vítr řezal jako nůž.

La notte era scesa troppo in fretta e l'oscurità li aveva avvolti.

Noc přišla příliš rychle a obklopila je tma.

Difficilmente avrebbero potuto scegliere un posto peggiore per riposare.

Těžko si mohli vybrat horší místo pro odpočinek.

I cani cercavano disperatamente un posto dove sdraiarsi.

Psi zoufale hledali místo, kde by si mohli lehnout.

Dietro il piccolo gruppo si ergeva un'alta parete rocciosa.

Za malou skupinou se strmě zvedala vysoká skalní stěna.

Per alleggerire il carico, la tenda era stata lasciata a Dyea.

Stan byl zanechán v Dyea, aby se ulehčil náklad.

Non avevano altra scelta che accendere il fuoco direttamente sul ghiaccio.

Neměli jinou možnost, než rozdělat oheň přímo na ledě.

Stendevano i loro accappatoi direttamente sul lago ghiacciato.

Rozprostřeli si spací róby přímo na zamrzlém jezeře.

Qualche pezzo di legno galleggiante dava loro un po' di fuoco.

Pár větviček naplaveného dřeva jim dodalo trochu ohně.

Ma il fuoco è stato acceso sul ghiaccio e attraverso di esso si è scongelato.

Ale oheň byl rozdělán na ledu a roztál se skrz něj.

Alla fine cenarono al buio.

Nakonec jedli večeři ve tmě.

Buck si rannicchiò accanto alla roccia, al riparo dal vento freddo.

Buck se schoulil vedle skály, chráněný před studeným větrem.

Il posto era così caldo e sicuro che Buck non voleva andarsene.

Místo bylo tak teplé a bezpečné, že se Buckovi nelíbilo odcházet.

Ma François aveva scaldato il pesce e stava distribuendo le razioni.

Ale François ohřál rybu a rozdával příděly.

Buck finì di mangiare in fretta e tornò a letto.

Buck rychle dojedl a vrátil se do postele.

Ma Spitz ora giaceva dove Buck aveva preparato il suo letto.

Ale Spitz teď ležel tam, kde mu Buck ustlal postel.

Un ringhio basso avvertì Buck che Spitz si rifiutava di muoversi.

Tiché zavrčení varovalo Bucka, že se Spitz odmítá pohnout.

Finora Buck aveva evitato lo scontro con Spitz.

Buck se tomuto souboji se Spitzem až doposud vyhýbal.

Ma nel profondo di Buck la bestia alla fine si liberò.

Ale hluboko v Buckově nitru se bestie konečně uvolnila.

Il furto del suo posto letto era troppo da tollerare.

Krádež jeho spacího místa byla příliš k tolerování.

Buck si lanciò contro Spitz, pieno di rabbia e furore.

Buck se vrhl na Spitze, plný hněvu a vzteku.

Fino a quel momento Spitz aveva pensato che Buck fosse solo un grosso cane.

Až donedávna si Spitz myslel, že Buck je jen velký pes.

Non pensava che Buck fosse sopravvissuto grazie al suo spirito.

Nemyslel si, že Buck přežil díky svému duchu.

Si aspettava paura e codardia, non furia e vendetta.

Čekal strach a zbabělost, ne vztek a pomstu.

François rimase a guardare mentre entrambi i cani schizzavano fuori dal nido in rovina.

François zíral, jak oba psi vylétli ze zničeného hnízda.

Capì subito cosa aveva scatenato quella violenta lotta.

Okamžitě pochopil, co spustilo ten divoký boj.

"Aa-ah!" gridò François in sostegno del cane marrone.

„Áá!" vykřikl François na podporu hnědého psa.

"Dateglli una bella lezione! Per Dio, punite quel ladro furbo!"

„Dejte mu výprask! Proboha, potrestejte toho lstivého zloděje!"

Spitz dimostrò altrettanta prontezza e fervore nel combattere.

Spitz projevoval stejnou připravenost a divokou dychtivost k boji.

Gridò di rabbia mentre girava velocemente in tondo, cercando un varco.

Vykřikl vzteky a rychle kroužil v hledání otvoru.

Buck mostrò la stessa fame di combattere e la stessa cautela.

Buck projevoval stejnou touhu po boji a stejnou opatrnost.

Anche lui girò intorno al suo avversario, cercando di avere la meglio nella battaglia.

Také obešel svého soupeře a snažil se získat v boji převahu.

Poi accadde qualcosa di inaspettato e cambiò tutto.

Pak se stalo něco nečekaného a všechno se změnilo.

Quel momento ritardò l'eventuale lotta per la leadership.

Ten okamžik oddálil konečný boj o vedení.

Ci sarebbero ancora molti chilometri di sentiero e di lotta da percorrere prima della fine.

Před koncem je čekalo ještě mnoho kilometrů cesty a boje.

Perrault urlò un'imprecazione mentre una mazza colpiva l'osso.

Perrault zaklel, když obušek narazil do kosti.

Seguì un acuto grido di dolore, poi il caos esplose tutt'intorno.

Následoval ostrý bolestný výkřik a pak všude kolem explodoval chaos.

Forme scure si muovevano nell'accampamento: husky selvatici, affamati e feroci.

V táboře se pohybovaly temné postavy; divocí huskyové, vyhladovělí a zuřiví.

Quattro o cinque dozzine di husky avevano fiutato l'accampamento da molto lontano.

Čtyři nebo pět tuctů huskyů vyčenichalo tábor už z dálky.

Si erano introdotti furtivamente mentre i due cani litigavano lì vicino.

Tiše se vplížili dovnitř, zatímco se opodál prali dva psi.

François e Perrault si lanciarono all'attacco, colpendo con i manganelli gli invasori.

François a Perrault zaútočili a mávali obušky na vetřelce.

Gli husky affamati mostrarono i denti e si dibatterono freneticamente.

Hladoví huskyové ukázali zuby a zuřivě se bránili.

L'odore della carne e del pane li aveva fatti superare ogni paura,

Vůně masa a chleba je zahnala za všechen strach.

Perrault picchiò un cane che aveva nascosto la testa nella buca delle vivande.

Perrault zbil psa, který si zabořil hlavu do krmné krabice.

Il colpo fu violento e la scatola si ribaltò, facendo fuoriuscire il cibo.

Rána byla silná, krabice se převrátila a jídlo se z ní vysypalo.

Nel giro di pochi secondi, una ventina di bestie feroci si avventarono sul pane e sulla carne.

Během několika sekund se do chleba a masa rozervala spousta divokých zvířat.

I bastoni degli uomini sferrarono un colpo dopo l'altro, ma nessun cane si allontanò.

Pánské hole zasazovaly úder za úderem, ale žádný pes se neodvrátil.

Urlavano di dolore, ma continuarono a lottare finché non rimase più cibo.

Vyli bolestí, ale bojovali, dokud jim nezbylo žádné jídlo.

Nel frattempo i cani da slitta erano saltati giù dalle loro culle innevate.

Mezitím sáňkářští psi vyskočili ze svých zasněžených pelechů.

Furono immediatamente attaccati dai feroci e affamati husky.

Okamžitě je napadli zlí hladoví huskyové.

Buck non aveva mai visto prima creature così selvagge e affamate.

Buck nikdy předtím neviděl tak divoká a vyhladovělá stvoření.

La loro pelle pendeva flaccida, nascondendo a malapena lo scheletro.

Jejich kůže visela volně a sotva skrývala jejich kostry.

C'era un fuoco nei loro occhi, per fame e follia

V jejich očích byl oheň hladem a šílenstvím

Non c'era modo di fermarli, di resistere al loro assalto selvaggio.

Nedalo se je zastavit; nedalo se odolat jejich divokému náporu.

I cani da slitta vennero spinti indietro e premuti contro la parete della scogliera.

Sáňkové psy zatlačili dozadu a přitiskli je ke stěně útesu.

Tre husky attaccarono Buck contemporaneamente, lacerandogli la carne.

Tři huskyové zaútočili na Bucka najednou a trhali mu maso.

Il sangue gli colava dalla testa e dalle spalle, dove era stato tagliato.

Z hlavy a ramen, kde byl řezán, mu stékala krev.

Il rumore riempì l'accampamento: ringhi, guaiti e grida di dolore.

Hluk naplnil tábor; vrčení, štěkání a výkřiky bolesti.

Billee pianse forte, come al solito, presa dal panico e dalla mischia.

Billee hlasitě plakala, jako obvykle, zasažena vším tím harmonií a panikou.

Dave e Solleks rimasero fianco a fianco, sanguinanti ma con aria di sfida.

Dave a Solleks stáli vedle sebe, krváceli, ale vzdorovitě.

Joe lottava come un demonio, mordendo tutto ciò che gli si avvicinava.

Joe bojoval jako démon a kousal všechno, co se k němu přiblížilo.

Con un violento schiocco di mascelle schiacciò la zampa di un husky.

Jedním brutálním cvaknutím čelistí rozdrtil huskymu nohu.

Pike saltò sull'husky ferito e gli ruppe il collo all'istante.

Štika skočila na zraněného huskyho a okamžitě mu zlomila vaz.

Buck afferrò un husky per la gola e gli strappò la vena.

Buck chytil huskyho za krk a roztrhl mu žílu.

Il sangue schizzò e il sapore caldo mandò Buck in delirio.

Krev stříkla a teplá chuť dohnala Bucka k šílenství.

Si lanciò contro un altro aggressore senza esitazione.

Bez váhání se vrhl na dalšího útočníka.

Nello stesso momento, denti aguzzi si conficcarono nella gola di Buck.

Ve stejném okamžiku se Buckovi do hrdla zaryly ostré zuby.

Spitz aveva colpito di lato, attaccando senza preavviso.

Spitz udeřil ze strany, útočil bez varování.

Perrault e François avevano sconfitto i cani rubando il cibo.

Perrault a François porazili psy, kteří kradli jídlo.

Ora si precipitarono ad aiutare i loro cani a respingere gli aggressori.

Nyní spěchali, aby pomohli svým psům odrazit útočníky.

I cani affamati si ritirarono mentre gli uomini roteavano i loro manganelli.

Hladoví psi ustupovali, když muži mávali obušky.

Buck riuscì a liberarsi dall'attacco, ma la fuga fu breve.

Buck se útoku vymanil, ale útěk byl krátký.

Gli uomini corsero a salvare i loro cani e gli husky tornarono ad attaccarli.

Muži běželi zachránit své psy a huskyové se znovu vyrojili.

Billee, spaventato e coraggioso, si lanciò nel branco di cani.

Billee, vyděšená k odvaze, skočila do smečky psů.

Ma poi fuggì attraverso il ghiaccio, in preda al terrore e al panico.

Ale pak utekl přes led, v syrové hrůze a panice.

Pike e Dub li seguirono da vicino, correndo per salvarsi la vita.

Pike a Dub je těsně následovali a běželi, aby si zachránili život.

Il resto della squadra si disperse e li inseguì.

Zbytek týmu se rozprchl a následoval je.

Buck raccolse le forze per correre, ma poi vide un lampo.

Buck sebral sílu k útěku, ale pak uviděl záblesk.
Spitz si lanciò verso Buck, cercando di buttarlo a terra.
Spitz se vrhl na Bucka a snažil se ho srazit k zemi.
Sotto quella banda di husky, Buck non avrebbe avuto scampo.
Pod tou hordou huskyů by Buck neměl úniku.
Ma Buck rimase fermo e si preparò al colpo di Spitz.
Buck však stál pevně a připravoval se na Spitzův úder.
Poi si voltò e corse sul ghiaccio con la squadra in fuga.
Pak se otočil a vyběhl na led s prchajícím týmem.

Più tardi i nove cani da slitta si radunarono al riparo del bosco.
Později se devět spřežených psů shromáždilo v lesním úkrytu.
Nessuno li inseguiva più, ma erano malconci e feriti.
Nikdo je už nepronásledoval, ale byli zbití a zranění.
Ogni cane presentava delle ferite: quattro o cinque tagli profondi su ogni corpo.
Každý pes měl zranění; na každém těle čtyři nebo pět hlubokých řezných ran.
Dub aveva una zampa posteriore ferita e ora faceva fatica a camminare.
Dub měl zraněnou zadní nohu a teď se mu těžko chodilo.
Dolly, l'ultimo cane arrivato da Dyea, aveva la gola tagliata.
Dolly, nejnovější fena z Dyea, měla podříznutý krk.
Joe aveva perso un occhio e l'orecchio di Billee era stato tagliato a pezzi
Joe přišel o oko a Billee mělo ucho rozstříhané na kusy.
Tutti i cani piansero per il dolore e la sconfitta durante la notte.
Všichni psi celou noc křičeli bolestí a porážkou.
All'alba tornarono lentamente all'accampamento, doloranti e distrutti.
Za úsvitu se plížili zpět do tábora, bolaví a zlomení.
Gli husky erano scomparsi, ma il danno era fatto.
Huskyové zmizeli, ale škoda už byla napáchána.

Perrault e François erano di pessimo umore e osservavano le rovine.

Perrault a François stáli nad zříceninou v nepříjemné náladě.

Metà del cibo era sparito, rubato dai ladri affamati.

Polovina jídla byla pryč, uchvátili ji hladoví zloději.

Gli husky avevano strappato le corde e la tela della slitta.

Huskyové protrhli vázání saní a plachtu.

Tutto ciò che aveva odore di cibo era stato divorato completamente.

Všechno, co vonělo po jídle, bylo úplně zhltnuto.

Mangiarono un paio di stivali da viaggio in pelle di alce di Perrault.

Snědli pár Perraultových cestovních bot z losí kůže.

Hanno masticato le pelli e rovinato i cinturini rendendoli inutilizzabili.

Žvýkali kožené rei a ničili řemínky k nepoužitelnosti.

François smise di fissare la frusta strappata per controllare i cani.

François přestal zírat na natrženou řasu, aby zkontroloval psy.

«Ah, amici miei», disse con voce bassa e preoccupata.

„Ach, přátelé," řekl tichým hlasem plným starostí.

"Forse tutti questi morsi vi trasformeranno in bestie pazze."

„Možná z vás všechna ta kousnutí udělají šílené bestie."

"Forse tutti cani rabbiosi, sacredam! Che ne pensi, Perrault?"

„Možná všichni vzteklí psi, posvátný pane! Co myslíš, Perraulte?"

Perrault scosse la testa, con gli occhi scuri per la preoccupazione e la paura.

Perrault zavrtěl hlavou, oči potemnělé znepokojením a strachem.

C'erano ancora quattrocento miglia tra loro e Dawson.

Od Dawsonu je stále dělilo čtyři sta mil.

La follia dei cani potrebbe ormai distruggere ogni possibilità di sopravvivenza.

Psí šílenství by teď mohlo zničit jakoukoli šanci na přežití.

Hanno passato due ore a imprecare e a cercare di riparare l'attrezzatura.

Strávili dvě hodiny nadávkami a snahou opravit vybavení.

La squadra ferita alla fine lasciò l'accampamento, distrutta e sconfitta.

Zraněný tým nakonec opustil tábor, zlomený a poražený.

Questo è stato il sentiero più duro finora e ogni passo è stato doloroso.

Tohle byla dosud nejtěžší stezka a každý krok byl bolestivý.

Il fiume Thirty Mile non era ghiacciato e scorreva impetuoso.

Řeka Třicet mil nezamrzla a divoce se valila.

Soltanto nei punti calmi e nei vortici il ghiaccio riusciva a resistere.

Led se dokázal udržet pouze v klidných místech a vířících vírech.

Trascorsero sei giorni di duro lavoro per percorrere le trenta miglia.

Uběhlo šest dní tvrdé práce, než byli třicet mil uraženi.

Ogni miglio del sentiero porta con sé pericoli e minacce di morte.

Každá míle stezky přinášela nebezpečí a hrozbu smrti.

Uomini e cani rischiavano la vita a ogni passo doloroso.

Muži i psi riskovali své životy s každým bolestivým krokem.

Perrault riuscì a superare i sottili ponti di ghiaccio una dozzina di volte.

Perrault prorazil tenké ledové mosty tucetkrát.

Prese un palo e lo lasciò cadere nel buco creato dal suo corpo.

Nesl tyč a nechal ji spadnout přes díru, kterou jeho tělo vytvořilo.

Quel palo salvò Perrault più di una volta dall'annegamento.

Tato tyč Perraulta vícekrát zachránila před utonutím.

L'ondata di freddo persisteva, la temperatura era di cinquanta gradi sotto zero.

Chladné počasí se drželo pevně, vzduch měl padesát stupňů pod nulou.

Ogni volta che cadeva, Perrault era costretto ad accendere un fuoco per sopravvivere.

Pokaždé, když Perrault spadl dovnitř, musel rozdělat oheň, aby přežil.

Gli abiti bagnati si congelavano rapidamente, perciò li faceva asciugare vicino al calore cocente.

Mokré oblečení rychle mrzlo, a tak ho sušil poblíž spalujícího horka.

Perrault non provava mai paura, e questo faceva di lui un corriere.

Perraulta nikdy nepostihl strach, a to z něj dělalo kurýra.

Fu scelto per affrontare il pericolo e lo affrontò con silenziosa determinazione.

Byl vybrán pro nebezpečí a čelil mu s tichým odhodláním.

Si spinse in avanti controvento, con il viso raggrinzito e congelato.

Tlačil se dopředu proti větru, scvrklý obličej měl omrzlý.

Perrault li guidò in avanti dall'alba al tramonto.

Od slabého úsvitu do soumraku je Perrault vedl vpřed.

Camminava sul ghiaccio sottile che scricchiolava a ogni passo.

Kráčel po úzkém ledovém okraji, který s každým krokem praskal.

Non osavano fermarsi: ogni pausa rischiava di provocare un crollo mortale.

Neodvážili se zastavit – každá pauza riskovala smrtelný kolaps.

Una volta la slitta si ruppe, trascinando dentro Dave e Buck.

Jednou se sáně protrhly a vtáhly Davea a Bucka dovnitř.

Quando furono liberati, entrambi erano quasi congelati.

Než je vytáhli na svobodu, byli oba téměř zmrzlí.

Gli uomini accesero rapidamente un fuoco per salvare Buck e Dave.

Muži rychle rozdělali oheň, aby Bucka a Davea udrželi naživu.

I cani erano ricoperti di ghiaccio dal naso alla coda, rigidi come legno intagliato.

Psi byli od čumáku k ocasu potaženi ledem, tuhí jako vyřezávané dřevo.

Gli uomini li fecero correre in cerchio vicino al fuoco per scongelarne i corpi.

Muži s nimi kroužili u ohně, aby jim rozmrzla těla.

Si avvicinarono così tanto alle fiamme che la loro pelliccia rimase bruciacchiata.

Přišli k plamenům tak blízko, že jim spálili srst.

Spitz ruppe poi il ghiaccio, trascinando dietro di sé la squadra.

Spitz prorazil led jako další a táhl za sebou tým.

La frenata arrivava fino al punto in cui Buck stava tirando.

Zlom sahal až k místu, kde Buck táhl.

Buck si appoggiò bruscamente allo schienale, con le zampe che scivolavano e tremavano sul bordo.

Buck se prudce zaklonil, tlapky mu na okraji klouzaly a třásly se.

Anche Dave si sforzò all'indietro, proprio dietro Buck sulla linea.

Dave se také napjal dozadu, hned za Bucka na lajně.

François tirava la slitta e i suoi muscoli scricchiolavano per lo sforzo.

François táhl saně, svaly mu praskaly námahou.

Un'altra volta, il ghiaccio del bordo si è crepato davanti e dietro la slitta.

Jindy se okrajový led praskal před a za saněmi.

Non avevano altra via d'uscita se non quella di arrampicarsi su una parete ghiacciata.

Neměli jinou cestu ven, než vylézt po zamrzlé stěně útesu.

In qualche modo Perrault riuscì a scalare il muro: un miracolo lo tenne in vita.

Perrault nějakým způsobem přelezl zeď; zázrak ho udržel naživu.

François rimase sottocoperta, pregando che gli capitasse la stessa fortuna.

François zůstal dole a modlil se za stejné štěstí.

Legarono ogni cinghia, legatura e tirante in un'unica lunga corda.

Svázali každý popruh, šňůru a provaz do jednoho dlouhého lana.

Gli uomini trascinarono i cani uno alla volta fino in cima.

Muži vytahovali každého psa nahoru, jednoho po druhém.

François salì per ultimo, dopo la slitta e tutto il carico.

François lezl poslední, po saních a celém nákladu.

Poi iniziò una lunga ricerca di un sentiero che scendesse dalle scogliere.

Pak začalo dlouhé hledání cesty dolů z útesů.

Alla fine scesero utilizzando la stessa corda che avevano costruito.

Nakonec sestoupili po stejném lanu, které si sami vyrobili.

Scese la notte mentre tornavano al letto del fiume, esausti e doloranti.

Když se vyčerpaní a bolaví, padla noc.

Avevano impiegato un giorno intero per percorrere solo un quarto di miglio.

Trvalo jim celý den, než urazili pouhou čtvrt míle.

Quando giunsero all'Hootalinqua, Buck era sfinito.

Než dorazili k Hootalinquě, Buck byl vyčerpaný.

Anche gli altri cani soffrivano le stesse condizioni del sentiero.

Ostatní psi trpěli stejně těžce podmínkami na stezce.

Ma Perrault aveva bisogno di recuperare tempo e li spingeva avanti giorno dopo giorno.

Perrault ale potřeboval získat zpět čas a každý den je tlačil dál.

Il primo giorno percorsero trenta miglia fino a Big Salmon.

První den cestovali třicet mil do Big Salmonu.

Il giorno dopo percorsero trentacinque miglia fino a Little Salmon.

Následujícího dne cestovali třicet pět mil do Little Salmonu.

Il terzo giorno percorsero quaranta miglia ghiacciate.

Třetího dne se prodrali dlouhými čtyřiceti kilometry zmrzlých vod.

A quel punto si stavano avvicinando all'insediamento di Five Fingers.

V té době se blížili k osadě Five Fingers.

I piedi di Buck erano più morbidi di quelli duri degli husky autoctoni.
Buckovy nohy byly měkčí než tvrdé nohy původních huskyů.
Le sue zampe erano diventate tenere nel corso di molte generazioni civilizzate.
Jeho tlapky během mnoha civilizovaných generací zcitlivěly.
Molto tempo fa, i suoi antenati erano stati addomesticati dagli uomini del fiume o dai cacciatori.
Kdysi dávno byli jeho předkové ochočeni říčními muži nebo lovci.
Ogni giorno Buck zoppicava per il dolore, camminando con le zampe screpolate e doloranti.
Buck každý den kulhal bolestí a chodil po odřených, bolavých tlapkách.
Giunto all'accampamento, Buck cadde come un corpo senza vita sulla neve.
V táboře se Buck zhroutil na sníh jako bezvládné tělo.
Sebbene fosse affamato, Buck non si alzò per consumare il pasto serale.
Přestože Buck hladověl, nevstal, aby snědl večeři.
François portò la sua razione a Buck, mettendogli del pesce vicino al muso.
François přinesl Buckovi jeho příděl jídla a položil mu rybu k čenichu.
Ogni notte l'autista massaggiava i piedi di Buck per mezz'ora.
Každou noc řidič půl hodiny třel Buckovi nohy.
François arrivò persino a tagliare i suoi mocassini per farne delle calzature per cani.
François si dokonce nastříhal vlastní mokasíny, aby si z nich vyrobil psí boty.
Quattro scarpe calde diedero a Buck un grande e gradito sollievo.
Čtyři teplé boty poskytly Buckovi velkou a vítanou úlevu.
Una mattina François dimenticò le scarpe e Buck si rifiutò di alzarsi.

Jednoho rána si François zapomněl boty a Buck se odmítl vstát.

Buck giaceva sulla schiena, con i piedi in aria, e li agitava in modo pietoso.

Buck ležel na zádech s nohama ve vzduchu a žalostně s nimi mával.

Persino Perrault sorrise alla vista dell'appello drammatico di Buck.

Dokonce i Perrault se při pohledu na Buckovu dramatickou prosbu ušklíbl.

Ben presto i piedi di Buck diventarono duri e le scarpe poterono essere tolte.

Buckovi brzy ztvrdly nohy a boty mohl vyhodit.

A Pelly, durante il periodo in cui veniva imbrigliata, Dolly emise un ululato terribile.

V Pelly, během zapřažení, Dolly vydala strašlivý výkřik.

Il grido era lungo e pieno di follia, e fece tremare tutti i cani.

Křik byl dlouhý a plný šílenství, otřásal každým psem.

Ogni cane si rizzava per la paura, senza capirne il motivo.

Každý pes se zježil strachy, aniž by věděl proč.

Dolly era impazzita e si era scagliata contro Buck.

Dolly se zbláznila a vrhla se přímo na Bucka.

Buck non aveva mai visto la follia, ma l'orrore gli riempì il cuore.

Buck nikdy neviděl šílenství, ale hrůza naplnila jeho srdce.

Senza pensarci due volte, si voltò e fuggì in preda al panico più assoluto.

Bez přemýšlení se otočil a v naprosté panice utekl.

Dolly lo inseguì, con gli occhi selvaggi e la saliva che le colava dalle fauci.

Dolly ho pronásledovala s divokým pohledem a slinami, které jí stékaly z čelistí.

Si tenne sempre dietro a Buck, senza mai guadagnare terreno e senza mai indietreggiare.

Držela se těsně za Buckem, nikdy ho nedoháněla ani neustupovala.

Buck corse attraverso i boschi, giù per l'isola, sul ghiaccio frastagliato.

Buck běžel lesem, dolů po ostrově, přes rozeklaný led.

Attraversò un'isola, poi un'altra, per poi tornare indietro verso il fiume.

Přešel k jednomu ostrovu, pak k dalšímu a vrátil se k řece.

Dolly continuava a inseguirlo, ringhiando sempre più forte a ogni passo.

Dolly ho stále pronásledovala a vrčení se ozývalo těsně za ním na každém kroku.

Buck poteva sentire il suo respiro e la sua rabbia, anche se non osava voltarsi indietro.

Buck slyšel její dech a vztek, i když se neodvážil ohlédnout.

François gridò da lontano e Buck si voltò verso la voce.

François zakřičel z dálky a Buck se otočil za hlasem.

Ancora senza fiato, Buck corse oltre, riponendo ogni speranza in François.

Buck stále lapal po dechu a proběhl kolem a vkládal veškerou naději ve Françoise.

Il conducente del cane sollevò un'ascia e aspettò che Buck gli passasse accanto.

Psí jezdec zvedl sekeru a čekal, až Buck proletí kolem.

L'ascia calò rapidamente e colpì la testa di Dolly con forza mortale.

Sekera se rychle snesla a udeřila Dolly do hlavy smrtící silou.

Buck crollò vicino alla slitta, ansimando e incapace di muoversi.

Buck se zhroutil poblíž saní, sípal a nebyl schopen se pohnout.

Quel momento diede a Spitz la possibilità di colpire un nemico esausto.

V tom okamžiku měl Spitz šanci zasáhnout vyčerpaného nepřítele.

Morse Buck due volte, strappandogli la carne fino all'osso bianco.

Dvakrát kousl Bucka a roztrhal mu maso až k bílé kosti.

La frusta di François schioccò, colpendo Spitz con tutta la sua forza, con furia.

Françoisův bič praskl a udeřil Spitze plnou, zuřivou silou.

Buck guardò con gioia Spitz mentre riceveva il pestaggio più duro fino a quel momento.

Buck s radostí sledoval, jak Spitz dostával svůj dosud nejkrutější výprask.

«È un diavolo, quello Spitz», borbottò Perrault tra sé e sé.

„Je to ďábel, ten Spitz," zamumlal si Perrault temně pro sebe.

"Un giorno o l'altro, quel cane maledetto ucciderà Buck, lo giuro."

„Jednoho dne brzy ten prokletý pes zabije Bucka – přísahám."

«Quel Buck ha due diavoli dentro di sé», rispose François annuendo.

„Ten Buck má v sobě dva ďábly," odpověděl François s kývnutím hlavy.

"Quando osservo Buck, so che dentro di lui si cela qualcosa di feroce."

„Když se dívám na Bucka, vím, že v něm čeká něco zuřivého."

"Un giorno, si infurierà come il fuoco e farà a pezzi Spitz."

„Jednoho dne se rozzuří jako oheň a roztrhá Špice na kusy."

"Masticherà quel cane e lo sputerà sulla neve ghiacciata."

„Toho psa rozkouše a vyplivne ho na zmrzlý sníh."

"Certo, lo so fin nel profondo."

„Jasně že to vím, hluboko v kostech."

Da quel momento in poi, i due cani furono in guerra tra loro.

Od té chvíle byli oba psi uvězněni ve válce.

Spitz guidava la squadra e deteneva il potere, ma Buck lo sfidava.

Spitz vedl tým a držel moc, ale Buck to zpochybnil.

Spitz si rese conto che il suo rango era minacciato da questo strano straniero del Sud.

Spitz viděl, jak tento podivný cizinec z Jihu ohrožuje jeho hodnost.

Buck era diverso da tutti i cani del sud che Spitz aveva conosciuto fino ad allora.

Buck se nepodobal žádnému jižanskému psu, kterého Spitz předtím znal.

La maggior parte di loro fallì: troppo deboli per sopravvivere al freddo e alla fame.
Většina z nich selhala – byli příliš slabí na to, aby přežili zimu a hlad.

Morirono rapidamente a causa del lavoro, del gelo e del lento bruciare della carestia.
Rychle umírali v práci, mrazu a pomalém hoření hladomoru.

Buck si distingueva: ogni giorno più forte, più intelligente e più selvaggio.
Buck vyčníval – silnější, chytřejší a každý den divočejší.

Ha prosperato nonostante le difficoltà, crescendo al pari degli husky del nord.
Dařilo se mu v útrapách a vyrostl tak, aby se vyrovnal severním huskyům.

Buck era dotato di forza, abilità straordinaria e un istinto paziente e letale.
Buck měl sílu, divokou dovednost a trpělivý, smrtící instinkt.

L'uomo con la mazza aveva annientato Buck per fargli perdere la temerarietà.
Muž s kyjem z Bucka vymlátil ukvapenost.

La furia cieca se n'era andata, sostituita da un'astuzia silenziosa e dal controllo.
Slepá zuřivost byla pryč, nahrazena tichou lstí a sebeovládáním.

Attese, calmo e primordiale, in attesa del momento giusto.
Čekal, klidný a prapůvodní, vyhlížel ten správný okamžik.

La loro lotta per il comando divenne inevitabile e chiara.
Jejich boj o velení se stal nevyhnutelným a jasným.

Buck desiderava la leadership perché il suo spirito la richiedeva.
Buck toužil po vůdcovství, protože si to vyžadoval jeho duch.

Era spinto da quello strano orgoglio che nasceva dal sentiero e dall'imbracatura.
Poháněla ho zvláštní hrdost zrozená z cesty a postroje.

Quell'orgoglio faceva sì che i cani tirassero fino a crollare sulla neve.
Ta hrdost nutila psy táhnout, dokud se nezhroutili do sněhu.

L'orgoglio li spinse a dare tutta la forza che avevano.

Pýcha je lákala k tomu, aby vydali veškerou sílu, kterou měli.

L'orgoglio può trascinare un cane da slitta fino al punto di ucciderlo.

Pýcha dokáže sáňkového psa zlákat až k smrti.

Perdere l'imbracatura rendeva i cani deboli e senza scopo.

Ztráta postroje zanechala psy zlomené a bez smyslu.

Il cuore di un cane da slitta può essere spezzato dalla vergogna quando va in pensione.

Srdce tažného psa může být zdrceno studem, když odejde do důchodu.

Dave viveva con questo orgoglio mentre trascinava la slitta da dietro.

Dave žil z této hrdosti, když táhl saně zezadu.

Anche Solleks diede il massimo con cupa forza e lealtà.

I Solleks ze sebe vydal všechno s ponurou silou a loajalitou.

Ogni mattina l'orgoglio li trasformava da amareggiati a determinati.

Každé ráno je hrdost proměňovala z hořkosti v odhodlání.

Spinsero per tutto il giorno, poi tacquero una volta giunti alla fine dell'accampamento.

Celý den se tlačili a pak na konci tábora ztichli.

Quell'orgoglio diede a Spitz la forza di mettere in riga i fannulloni.

Tato hrdost dala Spitzovi sílu dohnat ty, co se vyhýbají trestu.

Spitz temeva Buck perché Buck nutriva lo stesso profondo orgoglio.

Spitz se Bucka bál, protože Buck v sobě nesl stejnou hlubokou hrdost.

L'orgoglio di Buck ora si agitò contro Spitz, ma lui non si fermò.

Buckova hrdost se nyní vzbouřila proti Spitzovi a on se nezastavil.

Buck sfidò il potere di Spitz e gli impedì di punire i cani.

Buck se vzepřel Spitzově moci a zabránil mu v trestání psů.

Quando gli altri fallivano, Buck si frapponeva tra loro e il loro capo.

Když jiní selhali, Buck se postavil mezi ně a jejich vůdce.

Lo fece con intenzione, rendendo la sua sfida aperta e chiara.

Udělal to záměrně, svou výzvu dal jasně a otevřeně najevo.

Una notte una forte nevicata coprì il mondo in un profondo silenzio.

Jedné noci hustý sníh zahalil svět hlubokým tichem.

La mattina dopo, Pike, pigro come sempre, non si alzò per andare al lavoro.

Druhý den ráno Pike, líný jako vždy, nevstal do práce.

Rimase nascosto nel suo nido sotto uno spesso strato di neve.

Zůstal schovaný ve svém hnízdě pod silnou vrstvou sněhu.

François gridò e cercò, ma non riuscì a trovare il cane.

François zavolal a hledal, ale psa nenašel.

Spitz si infuriò e si scagliò contro l'accampamento coperto di neve.

Spitz se rozzuřil a vtrhl do zasněženého tábora.

Ringhiò e annusò, scavando freneticamente con gli occhi fiammeggianti.

Vrčel a čichal a zuřivě kopal planoucíma očima.

La sua rabbia era così violenta che Pike tremava sotto la neve per la paura.

Jeho vztek byl tak prudký, že se Štika strachy třásla pod sněhem.

Quando finalmente Pike fu trovato, Spitz si lanciò per punire il cane nascosto.

Když byl Pike konečně nalezen, Spitz se vrhl na schovávajícího se psa, aby ho potrestal.

Ma Buck si scagliò tra loro con una furia pari a quella di Spitz.

Buck se ale mezi ně vrhl s vztekem, který se rovnal Spitzově vlastnímu.

L'attacco fu così improvviso e astuto che Spitz cadde a terra.

Útok byl tak náhlý a chytrý, že Spitz spadl z nohou.

Pike, che tremava, trasse coraggio da questa sfida.

Pike, který se celý třásl, se z tohoto vzdoru povzbudil.

Seguendo l'audace esempio di Buck, saltò sullo Spitz caduto.

Skočil na padlého Špice a následoval Buckova odvážného příkladu.

Buck, non più vincolato dall'equità, si unì allo sciopero di Spitz.

Buck, kterého už nevázala spravedlnost, se připojil ke stávce na Spitzi.

François, divertito ma fermo nella disciplina, agitò la sua pesante frusta.

François, pobavený, ale zároveň neústupný v kázni, švihl těžkým bičem.

Colpì Buck con tutta la sua forza per interrompere la rissa.

Udeřil Bucka vší silou, aby rvačku ukončil.

Buck si rifiutò di muoversi e rimase in groppa al capo caduto.

Buck se odmítl pohnout a zůstal na spadlém vůdci.

François allora usò il manico della frusta e colpì Buck con violenza.

François pak použil rukojeť biče a silně udeřil Bucka.

Barcollando per il colpo, Buck cadde all'indietro sotto l'assalto.

Buck se pod úderem zapotácel a pod útokem se zhroutil.

François colpì più volte mentre Spitz puniva Pike.

François udeřil znovu a znovu, zatímco Spitz trestal Pikea.

Passarono i giorni e Dawson City si avvicinava sempre di più.

Dny plynuly a Dawson City se stále více přibližovalo.

Buck continuava a intromettersi, infilandosi tra Spitz e gli altri cani.

Buck se pořád plel a vmísil se mezi Spitze a ostatní psy.

Sceglieva bene i suoi momenti, aspettando sempre che François se ne andasse.

Dobře si vybíral chvíle, vždycky čekal, až François odejde.

La ribellione silenziosa di Buck si diffuse e il disordine prese piede nella squadra.

Buckova tichá vzpoura se šířila a v týmu se zakořenil chaos.

Dave e Solleks rimasero leali, ma altri diventarono indisciplinati.

Dave a Solleks zůstali věrní, ale jiní se stali neposlušnými.

La squadra peggiorò: divenne irrequieta, litigiosa e fuori luogo.

Tým se zhoršoval – byl neklidný, hádavý a vybočoval z latě.

Ormai niente filava liscio e le liti diventavano all'ordine del giorno.

Nic už nefungovalo hladce a rvačky se staly běžnou záležitostí.

Buck rimase sempre al centro dei guai, provocando disordini.

Buck zůstával v centru dění a neustále vyvolával nepokoje.

François rimase vigile, temendo la lotta tra Buck e Spitz.

François zůstal ve střehu, protože se bál rvačky mezi Buckem a Spitzem.

Ogni notte veniva svegliato da zuffe e temeva che finalmente fosse arrivato l'inizio.

Každou noc ho budily rvačky, protože se bál, že konečně nastal začátek.

Balzò fuori dalla veste, pronto a interrompere la rissa.

Vyskočil ze svého roucha, připravený přerušit rvačku.

Ma il momento non arrivò mai e alla fine raggiunsero Dawson.

Ale ta chvíle nikdy nenastala a konečně dorazili do Dawsonu.

La squadra entrò in città in un pomeriggio cupo, teso e silenzioso.

Tým vjel do města jednoho pochmurného odpoledne, napjatý a tichý.

La grande battaglia per la leadership era ancora sospesa nell'aria gelida.

Velká bitva o vedení stále visela ve vzduchu.

Dawson era piena di uomini e cani da slitta, tutti impegnati nel lavoro.

Dawson byl plný mužů a spřežení, všichni byli zaneprázdněni prací.

Buck osservava i cani trainare i carichi dalla mattina alla sera.

Buck sledoval, jak psi tahájí břemena od rána do večera.

Trasportavano tronchi e legna da ardere e spedivano rifornimenti alle miniere.

Odváželi klády a palivové dříví, přepravovali zásoby do dolů.

Nel Southland, dove un tempo lavoravano i cavalli, ora lavoravano i cani.

Tam, kde kdysi na Jihu pracovali koně, nyní dřeli psi.

Buck vide alcuni cani provenienti dal Sud, ma la maggior parte erano husky simili a lupi.

Buck viděl několik psů z jihu, ale většina z nich byli vlčí huskyové.

Di notte, puntuali come un orologio, i cani alzavano la voce e cantavano.

V noci, jako hodinky, psi zvyšovali hlasy v písni.

Alle nove, a mezzanotte e di nuovo alle tre, il canto cominciò.

V devět, o půlnoci a znovu ve tři začal zpěv.

Buck amava unirsi al loro canto inquietante, selvaggio e antico nel suono.

Buck se s oblibou přidával k jejich tajemnému zpěvu, divokému a starobylému.

L'aurora fiammeggiava, le stelle danzavano e la neve ricopriva la terra.

Polární záře plápolala, hvězdy tančily a zemi pokrýval sníh.

Il canto dei cani si elevava come un grido contro il silenzio e il freddo pungente.

Psí zpěv se ozval jako křik proti tichu a kruté zimě.

Ma il loro urlo esprimeva tristezza, non sfida, in ogni lunga nota.

Ale v každém dlouhém tónu jejich vytí byl smutek, ne vzdor.

Ogni lamento era pieno di supplica: il peso stesso della vita.

Každý kvílivý výkřik byl plný proseb; břemeno samotného života.

Quella canzone era vecchia, più vecchia delle città e più vecchia degli incendi

Ta píseň byla stará – starší než města a starší než požáry
Quel canto era più antico perfino delle voci degli uomini.
Ta píseň byla dokonce starší než lidské hlasy.
Era una canzone del mondo dei giovani, quando tutte le canzoni erano tristi.
Byla to píseň z mladého světa, kdy všechny písně byly smutné.
La canzone porta con sé il dolore di innumerevoli generazioni di cani.
Píseň nesla smutek nesčetných generací psů.
Buck percepì profondamente la melodia, gemendo per un dolore radicato nei secoli.
Buck tu melodii hluboce procítil a sténal bolestí zakořeněnou ve věcích.
Singhiozzava per un dolore antico quanto il sangue selvaggio nelle sue vene.
Vzlykal zármutkem starým jako divoká krev v jeho žilách.
Il freddo, l'oscurità e il mistero toccarono l'anima di Buck.
Chlad, tma a tajemno se dotkly Buckovy duše.
Quella canzone dimostrava quanto Buck fosse tornato alle sue origini.
Ta píseň dokázala, jak hluboko se Buck vrátil ke svým kořenům.
Tra la neve e gli ululati aveva trovato l'inizio della sua vita.
Skrze sníh a vytí našel začátek svého vlastního života.

Sette giorni dopo l'arrivo a Dawson, ripartirono.
Sedm dní po příjezdu do Dawsonu se znovu vydali na cestu.
La squadra si è lanciata dalla caserma fino allo Yukon Trail.
Tým klesl z kasáren dolů na Yukonskou stezku.
Iniziarono il viaggio di ritorno verso Dyea e Salt Water.
Vydali se na cestu zpět k Dyea a Salt Water.
Perrault trasmise dispacci ancora più urgenti di prima.
Perrault nosil ještě naléhavější zásilky než dříve.
Era anche preso dall'orgoglio per la corsa e puntava a stabilire un record.

Také ho pohltila hrdost na traily a jeho cílem bylo vytvořit rekord.

Questa volta Perrault aveva diversi vantaggi.

Tentokrát bylo několik výhod na Perraultově straně.

I cani avevano riposato per un'intera settimana e avevano ripreso le forze.

Psi odpočívali celý týden a nabrali zpět sílu.

La pista che avevano tracciato era ora battuta da altri.

Stezka, kterou prošlapali, byla nyní udupaná ostatními.

In alcuni punti la polizia aveva immagazzinato cibo sia per i cani che per gli uomini.

Na některých místech měla policie uskladněné jídlo pro psy i muže.

Perrault viaggiava leggero, si muoveva velocemente e aveva poco a cui aggrapparsi.

Perrault cestoval nalehko, pohyboval se rychle a s malým množstvím věcí, které by ho tížily.

La prima sera raggiunsero la Sixty-Mile, una corsa lunga 50 miglia.

První noc dorazili na Sixty-Mile, což byl běh dlouhý padesát mil.

Il secondo giorno risalirono rapidamente lo Yukon in direzione di Pelly.

Druhého dne se řítili po Yukonu směrem k Pelly.

Ma questi grandi progressi comportarono anche molta fatica per François.

Ale takový skvělý pokrok s sebou pro Françoise nesl velké úsilí.

La ribellione silenziosa di Buck aveva infranto la disciplina della squadra.

Buckova tichá vzpoura narušila disciplínu v týmu.

Non si univano più come un'unica bestia al comando.

Už netáhli za jeden provaz jako jedna bestie v otěžích.

Buck aveva spinto altri alla sfida con il suo coraggioso esempio.

Buck svým odvážným příkladem vedl ostatní k odporu.

L'ordine di Spitz non veniva più accolto con timore o rispetto.

Spitzův rozkaz se již nesetkával se strachem ani respektem.

Gli altri persero ogni timore reverenziale nei suoi confronti e osarono opporsi al suo governo.

Ostatní ztratili k němu úctu a odvážili se vzdorovat jeho vládě.

Una notte, Pike rubò mezzo pesce e lo mangiò sotto gli occhi di Buck.

Jednou v noci Pike ukradl půlku ryby a snědl ji Buckovi přímo pod jeho okem.

Un'altra notte, Dub e Joe combatterono contro Spitz e rimasero impuniti.

Další noc se Dub a Joe poprali se Spitzem a zůstali bez trestu.

Anche Billee gemette meno dolcemente e mostrò una nuova acutezza.

Dokonce i Billee kňučela méně sladce a projevila novou bystrost.

Buck ringhiava a Spitz ogni volta che si incrociavano.

Buck na Spitze vrčel pokaždé, když se zkřížili.

L'atteggiamento di Buck divenne audace e minaccioso, quasi come quello di un bullo.

Buckův postoj se stal troufalým a hrozivým, skoro jako u tyrana.

Camminava avanti e indietro davanti a Spitz con un'andatura spavalda e piena di minaccia beffarda.

S chvástavým výrazem plným posměšné hrozby přecházel před Spitzem.

Questo crollo dell'ordine si diffuse anche tra i cani da slitta.

Toto zhroucení pořádku se rozšířilo i mezi saňovými psy.

Litigarono e discussero più che mai, riempiendo l'accampamento di rumore.

Hádali se a hádali víc než kdy dřív, a tábor naplňovali hlukem.

Ogni notte la vita nel campeggio si trasformava in un caos selvaggio e ululante.

Život v táboře se každou noc měnil v divoký, kvílivý chaos.

Solo Dave e Solleks rimasero fermi e concentrati.
Pouze Dave a Solleks zůstali stabilní a soustředění.
Ma anche loro diventarono irascibili a causa delle continue risse.
Ale i oni se kvůli neustálým rvačkám rozčílili.
François imprecò in lingue strane e batté i piedi per la frustrazione.
François zaklel v podivných jazycích a frustrovaně dupal.
Si strappò i capelli e urlò mentre la neve gli volava sotto i piedi.
Rval si vlasy a křičel, zatímco pod nohama létal sníh.
La sua frusta schioccò contro il gruppo, ma a malapena riuscì a tenerli in riga.
Jeho bič šlehl přes smečku, ale sotva je udržel v řadě.
Ogni volta che voltava le spalle, la lotta ricominciava.
Kdykoli se otočil zády, boj se znovu rozpoutal.
François usò la frusta per Spitz, mentre Buck guidava i ribelli.
François použil bič pro Spitze, zatímco Buck vedl rebely.
Ognuno conosceva il ruolo dell'altro, ma Buck evitava di addossare ogni colpa.
Každý znal roli toho druhého, ale Buck se jakémukoli obviňování vyhýbal.
François non ha mai colto Buck mentre iniziava una rissa o si sottraeva al suo lavoro.
François nikdy nepřistihl Bucka při tom, jak by začínal rvačku nebo se vyhýbal své práci.
Buck lavorava duramente ai finimenti: la fatica ora gli dava entusiasmo.
Buck tvrdě pracoval v postroji – dřina teď vzrušovala jeho ducha.
Ma trovava ancora più gioia nel fomentare risse e caos nell'accampamento.
Ale ještě větší radost nacházel v rozdmýchávání rvaček a chaosu v táboře.

Una sera, alla foce del Tahkeena, Dub spaventò un coniglio.

Jednoho večera u Tahkeeniných úst Dub vyplašil králíka.

Mancò la presa e il coniglio con la racchetta da neve balzò via.

Nechytil ho a králík na sněžnicích odskočil pryč.

Nel giro di pochi secondi, l'intera squadra di slitte si lanciò all'inseguimento, gridando a squarciagola.

Během několika sekund se celé spřežení s divokým křikem dalo do pronásledování.

Nelle vicinanze, un accampamento della polizia del nord-ovest ospitava cinquanta cani husky.

Nedaleko se v táboře severozápadní policie nacházelo padesát psů husky.

Si unirono alla caccia, scendendo insieme il fiume ghiacciato.

Připojili se k lovu a společně se řítili po zamrzlé řece.

Il coniglio lasciò il fiume e fuggì lungo il letto ghiacciato di un ruscello.

Králík odbočil z řeky a utíkal zamrzlým korytem potoka.

Il coniglio saltellava leggero sulla neve mentre i cani si facevano strada a fatica.

Králík lehce poskakoval po sněhu, zatímco se psi prodírali sněhem.

Buck guidava l'enorme branco di sessanta cani attorno a ogni curva tortuosa.

Buck vedl obrovskou smečku šedesáti psů každou klikatou zatáčkou.

Si spinse in avanti, basso e impaziente, ma non riuscì a guadagnare terreno.

Tlačil se vpřed, nízko a dychtivě, ale nemohl se prosadit.

Il suo corpo brillava sotto la pallida luna a ogni potente balzo.

Jeho tělo se s každým silným skokem mihlo v bledém měsíci.

Davanti a loro, il coniglio si muoveva come un fantasma, silenzioso e troppo veloce per essere catturato.

Před nimi se králík pohyboval jako duch, tichý a příliš rychlý, než aby ho bylo možné chytit.

Tutti quei vecchi istinti, la fame, l'eccitazione, attraversarono Buck.

Všechny ty staré instinkty – hlad, vzrušení – projely Buckem.

A volte gli esseri umani avvertono questo istinto e sono spinti a cacciare con armi da fuoco e proiettili.

Lidé tento instinkt občas pociťují, jsou hnáni k lovu s puškou a kulkou.

Ma Buck provava questa sensazione a un livello più profondo e personale.

Buck ale tento pocit cítil na hlubší a osobnější úrovni.

Non riuscivano a percepire la natura selvaggia nel loro sangue come Buck.

Nedokázali cítit divočinu ve své krvi tak, jak ji cítil Buck.

Inseguiva la carne viva, pronto a uccidere con i denti e ad assaggiare il sangue.

Honil živé maso, připravený zabíjet zuby a ochutnávat krev.

Il suo corpo si tendeva per la gioia, desiderando immergersi nel caldo rosso della vita.

Jeho tělo se napínalo radostí a touhou se vykoupat v teplé rudé vodě života.

Una strana gioia segna il punto più alto che la vita possa mai raggiungere.

Zvláštní radost označuje nejvyšší bod, kterého může život kdy dosáhnout.

La sensazione di raggiungere un picco in cui i vivi dimenticano di essere vivi.

Pocit vrcholu, kde živí zapomínají, že vůbec žijí.

Questa gioia profonda tocca l'artista immerso in un'ispirazione ardente.

Tato hluboká radost se dotýká umělce ztraceného v planoucí inspiraci.

Questa gioia afferra il soldato che combatte selvaggiamente e non risparmia alcun nemico.

Tato radost zmocňuje vojáka, který bojuje divoce a nešetří žádného nepřítele.

Questa gioia ora colpì Buck mentre guidava il branco in preda alla fame primordiale.

Tato radost nyní zachvátila Bucka, který vedl smečku v prvotním hladu.

Ululò con l'antico grido del lupo, emozionato per l'inseguimento.

Vyl starodávným vlčím řevem, vzrušený živou honičkou.

Buck fece appello alla parte più antica di sé, persa nella natura selvaggia.

Buck se napojil na nejstarší část sebe sama, ztracenou v divočině.

Scavò in profondità dentro di sé, oltre la memoria, fino al tempo grezzo e antico.

Sáhl hluboko do svého nitra, za hranice paměti, do syrového, dávného času.

Un'ondata di vita pura pervase ogni muscolo e tendine.

Vlna čistého života projela každým svalem a šlachou.

Ogni salto gridava che viveva, che attraversava la morte.

Každý skok křičel, že žije, že se pohybuje skrze smrt.

Il suo corpo si librava gioioso su una terra immobile e fredda che non si muoveva mai.

Jeho tělo se radostně vznášelo nad tichou, chladnou zemí, která se ani nepohnula.

Spitz rimase freddo e astuto anche nei suoi momenti più selvaggi.

Spitz zůstával chladnokrevný a lstivý, a to i v těch nejdivočejších chvílích.

Lasciò il sentiero e attraversò un terreno dove il torrente formava una curva ampia.

Opustil stezku a přešel pozemek, kde se potok široce stáčel.

Buck, ignaro di ciò, rimase sul sentiero tortuoso del coniglio.

Buck, nevědom si toho, zůstal na klikaté králíčí cestě.

Poi, mentre Buck svoltava dietro una curva, il coniglio spettrale si trovò davanti a lui.

Pak, když Buck zahnul za zatáčku, objevil se před ním králík podobný duchu.

Vide una seconda figura balzare dalla riva precedendo la preda.

Viděl druhou postavu, jak vyskočila z břehu před kořistí.

La figura era Spitz, atterrato proprio sulla traiettoria del coniglio in fuga.

Tou postavou byl Spitz, který přistál přímo v cestě prchajícímu králíkovi.

Il coniglio non riuscì a girarsi e incontrò le fauci di Spitz a mezz'aria.

Králík se nemohl otočit a ve vzduchu se setkal se Spitzovými čelistmi.

La spina dorsale del coniglio si spezzò con un grido acuto come il grido di un essere umano morente.

Králíkovi se zlomila páteř s výkřikem ostrým jako pláč umírajícího člověka.

A quel suono, il passaggio dalla vita alla morte, il branco ululò forte.

Při tom zvuku – pádu ze života do smrti – smečka hlasitě zavyla.

Un coro selvaggio si levò da dietro Buck, pieno di oscura gioia.

Z Buckových zády se ozval divoký sbor plný temné radosti.

Buck non emise alcun grido, nessun suono e si lanciò dritto verso Spitz.

Buck nevydal ani výkřik, ani hlásku a vrhl se přímo na Spitze.

Mirò alla gola, ma colpì invece la spalla.

Mířil na krk, ale místo toho se trefil do ramene.

Caddero nella neve soffice, i loro corpi erano intrappolati in un combattimento.

Propadali se měkkým sněhem; jejich těla se sevřela v boji.

Spitz balzò in piedi rapidamente, come se non fosse mai stato atterrato.

Spitz rychle vyskočil, jako by ho nikdo nesrazil.

Colpì Buck alla spalla e poi balzò fuori dalla mischia.

Sekl Buckovi do ramene a pak seskočil z boje.

Per due volte i suoi denti schioccarono come trappole d'acciaio, e le sue labbra si arricciarono e si fecero feroci.

Dvakrát mu cvakly zuby jako ocelové pasti, rty se zkřivily a byly zuřivé.

Arretrò lentamente, cercando un terreno solido sotto i piedi.

Pomalu couval a hledal pevnou půdu pod nohama.
Buck comprese il momento all'istante e pienamente.
Buck pochopil tu chvíli okamžitě a plně.
Il momento era giunto: la lotta sarebbe stata una lotta all'ultimo sangue.
Nastal čas; boj se měl konat na život a na smrt.
I due cani giravano in cerchio, ringhiando, con le orecchie piatte e gli occhi socchiusi.
Dva psi kroužili kolem, vrčeli, uši stáhly a oči zúžené.
Ogni cane aspettava che l'altro mostrasse debolezza o facesse un passo falso.
Každý pes čekal, až ten druhý projeví slabost nebo udělá chybný krok.
Buck percepiva quella scena come stranamente nota e profondamente ricordata.
Buckovi se ta scéna zdála zlověstně známá a hluboce vzpomínaná.
I boschi bianchi, la terra fredda, la battaglia al chiaro di luna.
Bílé lesy, studená země, bitva za měsíčního svitu.
Un silenzio pesante, profondo e innaturale riempiva la terra.
Krajinu naplnilo těžké ticho, hluboké a nepřirozené.
Nessun vento si alzava, nessuna foglia si muoveva, nessun suono rompeva il silenzio.
Ani vítr se nepohnul, žádný list se nepohnul, žádný zvuk nenarušil ticho.
Il respiro dei cani si levava come fumo nell'aria gelida e silenziosa.
Psí dech stoupal v mrazivém, tichém vzduchu jako kouř.
Il coniglio era stato dimenticato da tempo dal branco di animali selvatici.
Králík byl smečkou divokých zvířat dávno zapomenut.
Questi lupi semiaddomesticati ora stavano fermi in un ampio cerchio.
Tito napůl zkrocení vlci nyní stáli nehybně v širokém kruhu.
Erano silenziosi, solo i loro occhi luminosi rivelavano la loro fame.
Byli tiší, jen jejich zářící oči prozrazovaly jejich hlad.

Il loro respiro saliva, mentre osservavano l'inizio dello scontro finale.

Zatajili dech a sledovali začátek závěrečného boje.

Per Buck questa battaglia era vecchia e attesa, per niente strana.

Pro Bucka byla tato bitva stará a očekávaná, vůbec ne divná.

Era come il ricordo di qualcosa che doveva accadere da sempre.

Připadalo mi to jako vzpomínka na něco, co se mělo vždycky stát.

Spitz era un cane da combattimento addestrato, affinato da innumerevoli risse selvagge.

Špic byl vycvičený bojový pes, zdokonalený nesčetnými divokými rvačkami.

Dallo Spitzbergen al Canada, aveva sconfitto molti nemici.

Od Špicberk až po Kanadu si porazil mnoho nepřátel.

Era pieno di rabbia, ma non cedette mai il controllo alla rabbia.

Byl plný vzteku, ale nikdy se nedal ovládnout.

La sua passione era acuta, ma sempre temperata dal duro istinto.

Jeho vášeň byla bystrá, ale vždycky ji tlumil tvrdý instinkt.

Non ha mai attaccato finché non ha avuto la sua difesa pronta.

Nikdy neútočil, dokud si nebyl připraven sám se bránit.

Buck provò più volte a raggiungere il collo vulnerabile di Spitz.

Buck se znovu a znovu pokoušel dosáhnout na Spitzův zranitelný krk.

Ma ogni colpo veniva accolto da un fendente dei denti affilati di Spitz.

Ale každý úder se setkal s prudkým seknutím Spitzových ostrých zubů.

Le loro zanne si scontrarono ed entrambi i cani sanguinarono dalle labbra lacerate.

Jejich tesáky se střetly a oběma psům tekla krev z roztržených rtů.

Nonostante i suoi sforzi, Buck non riusciva a rompere la difesa.

Ať se Buck vrhal jakkoli, nedokázal obranu prolomit.

Divenne sempre più furioso e si lanciò verso di lui con violente esplosioni di potenza.

Zuřil čím dál víc a vrhal se do toho s divokými výbuchy síly.

Buck colpì ripetutamente la bianca gola di Spitz.

Buck znovu a znovu útočil na Špicovo bílé hrdlo.

Ogni volta Spitz schivava e contrattaccava con un morso tagliente.

Spitz se pokaždé vyhnul a udeřil zpět ostrým kousnutím.

Poi Buck cambiò tattica, avventandosi di nuovo come se volesse colpirlo alla gola.

Pak Buck změnil taktiku a znovu se vrhl, jako by mu chtěl sevřít po krku.

Ma a metà attacco si è ritirato, girandosi per colpire di lato.

Ale uprostřed útoku se stáhl a otočil se k úderu ze strany.

Colpì Spitz con una spallata, con l'intento di buttarlo a terra.

Ramenem narazil do Spitze s cílem ho srazit k zemi.

Ogni volta che ci provava, Spitz lo schivava e rispondeva con un fendente.

Pokaždé, když se o to pokusil, Spitz se vyhnul a kontroval seknutím.

La spalla di Buck si faceva scorticare mentre Spitz si liberava dopo ogni colpo.

Bucka bolelo rameno, když Spitz po každém zásahu odskočil.

Spitz non era stato toccato, mentre Buck sanguinava dalle numerose ferite.

Spitze se nikdo nedotkl, zatímco Buck krvácel z mnoha ran.

Il respiro di Buck era affannoso e pesante, il suo corpo era viscido di sangue.

Buck lapal po dechu rychle a těžce, tělo měl kluzké od krve.

La lotta diventava più brutale a ogni morso e carica.

Souboj se s každým kousnutím a útokem stával brutálnějším.

Attorno a loro, sessanta cani silenziosi aspettavano che il primo cadesse.

Kolem nich šedesát tichých psů čekalo, až padnou první.

Se un cane fosse caduto, il branco avrebbe posto fine alla lotta.

Pokud by jeden pes upadl, smečka by boj dokončila.

Spitz vide Buck indebolirsi e cominciò ad attaccare.

Spitz viděl, jak Buck slábne, a začal tlačit do útoku.

Mantenne Buck sbilanciato, costringendolo a lottare per restare in piedi.

Zvedl Bucka z rovnováhy a donutil ho bojovat o stabilitu.

Una volta Buck inciampò e cadde, e tutti i cani si rialzarono.

Jednou Buck zakopl a upadl a všichni psi vstali.

Ma Buck si raddrizzò a metà caduta e tutti ricaddero.

Ale Buck se v polovině pádu vzpamatoval a všichni se zase snesli dolů.

Buck aveva qualcosa di raro: un'immaginazione nata da un profondo istinto.

Buck měl něco vzácného – představivost zrozenou z hlubokého instinktu.

Combatté per istinto naturale, ma combatté anche con astuzia.

Bojoval s přirozeným pudem, ale bojoval také s lstí.

Tornò ad attaccare come se volesse ripetere il trucco dell'attacco alla spalla.

Znovu se vrhl do útoku, jako by opakoval svůj trik s útokem ramenem.

Ma all'ultimo secondo si abbassò e passò sotto Spitz.

Ale v poslední vteřině se snesl nízko a proplétal se pod Spitzem.

I suoi denti si bloccarono sulla zampa anteriore sinistra di Spitz con uno schiocco.

Jeho zuby se s cvaknutím zaryly do Spitzovy přední levé nohy.

Spitz ora era instabile e il suo peso gravava solo su tre zampe.

Spitz teď stál nejistě, opíraje se pouze o tři nohy.

Buck colpì di nuovo e tentò tre volte di atterrarlo.

Buck znovu udeřil a třikrát se ho pokusil srazit k zemi.

Al quarto tentativo ha usato la stessa mossa con successo

Na čtvrtý pokus úspěšně použil stejný tah.

Questa volta Buck riuscì a mordere la zampa destra di Spitz.

Tentokrát se Buckovi podařilo kousnout Spitzovi do pravé nohy.

Spitz, benché storpio e in agonia, continuò a lottare per sopravvivere.

Spitz, ačkoli byl zmrzačený a trpěl bolestmi, se stále snažil přežít.

Vide il cerchio degli husky stringersi, con le lingue fuori e gli occhi luminosi.

Viděl, jak se kruh huskyů stahuje, vyplazené jazyky a zářící oči.

Aspettarono di divorarlo, proprio come avevano fatto con gli altri.

Čekali, aby ho mohli pohltit, stejně jako to udělali s ostatními.

Questa volta era lui al centro, sconfitto e condannato.

Tentokrát stál uprostřed; poražený a odsouzený k záhubě.

Ormai il cane bianco non aveva più alcuna possibilità di fuga.

Bílý pes teď neměl jinou možnost útěku.

Buck non mostrò alcuna pietà, perché la pietà non era a posto nella natura selvaggia.

Buck neprojevoval žádné slitování, neboť slitování do divočiny nepatří.

Buck si mosse con cautela, preparandosi per la carica finale.

Buck se opatrně pohyboval a připravoval se na závěrečný útok.

Il cerchio degli husky si stringeva; lui sentiva i loro respiri caldi.

Kruh huskyů se sevřel; cítil jejich teplý dech.

Si accovacciarono, pronti a scattare quando fosse giunto il momento.

Schoulili se, připraveni skočit, až přijde ta správná chvíle.

Spitz tremava nella neve, ringhiando e cambiando posizione.

Spitz se třásl ve sněhu, vrčel a měnil postoj.

I suoi occhi brillavano, le labbra si arricciavano, i denti brillavano in un'espressione disperata e minacciosa.

Jeho oči zářily, rty byly zkřivené a zuby se blýskaly zoufalou hrozbou.

Barcollò, cercando ancora di resistere al freddo morso della morte.

Zavrávoral a stále se snažil zadržet chladný kousnutí smrti.

Aveva già visto situazioni simili, ma sempre dalla parte dei vincitori.

Už tohle viděl dřív, ale vždycky z vítězné strany.

Ora era dalla parte perdente; lo sconfitto; la preda; la morte.

Teď byl na straně poražených; poražených; kořisti; smrti.

Buck si preparò al colpo finale, mentre il cerchio dei cani si faceva sempre più stretto.

Buck kroužil k poslednímu úderu, kruh psů se přiblížil.

Poteva sentire i loro respiri caldi; erano pronti a uccidere.

Cítil jejich horký dech; připraveni zabít.

Calò il silenzio; tutto era al suo posto; il tempo si era fermato.

Nastalo ticho; všechno bylo na svém místě; čas se zastavil.

Persino l'aria fredda tra loro si congelò per un ultimo istante.

Dokonce i studený vzduch mezi nimi na poslední okamžik ztuhl.

Soltanto Spitz si mosse, cercando di trattenere la sua fine amara.

Pohyboval se jen Spitz a snažil se oddálit svůj hořký konec.

Il cerchio dei cani si stava stringendo attorno a lui, come era suo destino.

Kruh psů se kolem něj svíral, stejně jako jeho osud.

Ora era disperato, sapendo cosa stava per accadere.

Byl teď zoufalý, věděl, co se stane.

Buck balzò dentro e la sua spalla incontrò la sua spalla per l'ultima volta.

Buck vskočil dovnitř a naposledy se ramenem setkal.

I cani si lanciarono in avanti, nascondendo Spitz nell'oscurità della neve.

Psi se vrhli vpřed a zakryli Spitze v zasněžené tmě.

Buck osservava, eretto e fiero; il vincitore in un mondo selvaggio.

Buck se díval, stojící vzpřímeně; vítěz v divokém světě.

La bestia primordiale dominante aveva fatto la sua uccisione, e la aveva fatta bene.

Dominantní prvotní bestie ulovila kořist a bylo to dobré.

Colui che ha conquistato la maestria
Ten, kdo dosáhl mistrovství

"Eh? Cosa ho detto? Dico la verità quando dico che Buck è
un diavolo."
„Eh? Co jsem to říkal? Mluvím pravdu, když říkám, že Buck je
ďábel."
**François raccontò questo la mattina dopo aver scoperto la
scomparsa di Spitz.**
François to řekl následující ráno poté, co zjistil, že Spitz
zmizel.
**Buck rimase lì, coperto di ferite causate dal violento
combattimento.**
Buck tam stál, pokrytý ranami z nelítostného boje.
François tirò Buck vicino al fuoco e indicò le ferite.
François přitáhl Bucka k ohni a ukázal na zranění.
**«Quello Spitz ha combattuto come il Devik», disse Perrault,
osservando i profondi tagli.**
„Ten Spitz bojoval jako Devik," řekl Perrault a prohlížel si
hluboké rány.
**«E quel Buck si batteva come due diavoli», rispose subito
François.**
„A ten Buck se pral jako dva ďáblové," odpověděl François
okamžitě.
"Ora faremo buon passo; niente più Spitz, niente più guai."
„Teď už to zvládneme dobře; už žádný Spitz, žádné další
potíže."
**Perrault stava preparando l'attrezzatura e caricò la slitta con
cura.**
Perrault balil vybavení a opatrně nakládal saně.
François bardò i cani per prepararli alla corsa della giornata.
François postrojil psy a připravil je na dnešní běh.
**Buck trotterellò dritto verso la posizione di testa,
precedentemente occupata da Spitz.**
Buck klusal rovnou na vedoucí pozici, kterou dříve držel
Spitz.

Ma François, senza accorgersene, condusse Solleks in prima linea.

Ale François si toho nevšiml a vedl Sollekse dopředu.

Secondo François, Solleks era ora il miglior cane da corsa.

Podle Françoisova úsudku byl Solleks nyní nejlepším vodicím psem.

Buck si scagliò furioso contro Solleks e lo respinse indietro in segno di protesta.

Buck se na Solleksa rozzuřeně vrhl a na protest ho zatlačil zpět.

Si fermò dove un tempo si era fermato Spitz, rivendicando la posizione di comando.

Stál tam, kde kdysi stál Spitz, a nárokoval si vedoucí pozici.

"Eh? Eh?" esclamò François, dandosi una pacca sulle cosce divertito.

„Cože? Cože?" zvolal François a pobaveně se plácal po stehnech.

"Guarda Buck: ha ucciso Spitz, ora vuole prendersi il posto!"

„Podívejte se na Bucka – zabil Spitze a teď chce vzít tu práci!"

"Vattene via, Chook!" urlò, cercando di scacciare Buck.

„Jdi pryč, Chooku!" křičel a snažil se Bucka odehnat.

Ma Buck si rifiutò di muoversi e rimase immobile nella neve.

Ale Buck se odmítl pohnout a pevně stál ve sněhu.

François afferrò Buck per la collottola e lo trascinò da parte.

François chytil Bucka za kůži a odtáhl ho stranou.

Buck ringhiò basso e minaccioso, ma non attaccò.

Buck tiše a výhružně zavrčel, ale nezaútočil.

François rimette Solleks in testa, cercando di risolvere la disputa

François dostal Solleks zpět do vedení a snažil se urovnat spor.

Il vecchio cane mostrò paura di Buck e non voleva restare.

Starý pes projevoval strach z Bucka a nechtěl zůstat.

Quando François gli voltò le spalle, Buck scacciò di nuovo Solleks.

Když se François otočil zády, Buck Solleksa znovu vyhnal.

Solleks non oppose resistenza e si fece di nuovo da parte in silenzio.

Solleks se nebránil a tiše znovu ustoupil stranou.

François si arrabbiò e urlò: "Per Dio, ti sistemo!"

François se rozzlobil a vykřikl: „Při Bohu, já tě vyléčím!"

Si avvicinò a Buck tenendo in mano una pesante mazza.

Přistoupil k Buckovi a v ruce držel těžký kyj.

Buck ricordava bene l'uomo con il maglione rosso.

Buck si muže v červeném svetru dobře pamatoval.

Si ritirò lentamente, osservando François ma ringhiando profondamente.

Pomalu ustupoval, pozoroval Françoise, ale hluboce vrčel.

Non si affrettò a tornare indietro, nemmeno quando Solleks si mise al suo posto.

Nespěchal zpět, ani když Solleks stál na jeho místě.

Buck si girò in cerchio, appena fuori dalla sua portata, ringhiando furioso e protestando.

Buck kroužil těsně mimo jejich dosah a vrčel vzteky a protestem.

Teneva gli occhi fissi sulla mazza, pronto a schivare il colpo se François l'avesse lanciata.

Nepřetržitě sledoval hůl, připravený uhnout, kdyby François hodil.

Era diventato saggio e cauto nei confronti degli uomini che maneggiavano le armi.

Zmoudřel a zpozorněl, co se týče způsobů ozbrojených mužů.

François si arrese e chiamò di nuovo Buck al suo vecchio posto.

François to vzdal a znovu zavolal Bucka na své dřívější místo.

Ma Buck fece un passo indietro con cautela, rifiutandosi di obbedire all'ordine.

Buck ale opatrně ustoupil a odmítl uposlechnout rozkaz.

François lo seguì, ma Buck indietreggiò solo di pochi passi.

François ho následoval, ale Buck ustoupil jen o pár kroků.

Dopo un po' François gettò a terra l'arma, frustrato.

Po nějaké době François ve frustraci odhodil zbraň.

Pensava che Buck avesse paura di essere picchiato e che avrebbe fatto lo stesso senza far rumore.

Myslel si, že se Buck bojí výprasku a že přijde potichu.

Ma Buck non stava evitando la punizione: stava lottando per ottenere un rango.

Buck se ale trestu nevyhýbal – bojoval o hodnost.

Si era guadagnato il posto di capobranco combattendo fino alla morte

Místo vůdčího psa si vysloužil bojem na život a na smrt.

non si sarebbe accontentato di niente di meno che di essere il leader.

Nehodlán se spokojit s ničím menším než s tím, že bude vůdcem.

Perrault si unì all'inseguimento per aiutare a catturare il ribelle Buck.

Perrault se zapojil do honičky, aby pomohl chytit vzpurného Bucka.

Insieme lo portarono in giro per l'accampamento per quasi un'ora.

Společně ho téměř hodinu vodili po táboře.

Gli scagliarono contro dei bastoni, ma Buck li schivò abilmente uno per uno.

Házeli po něm kyje, ale Buck se každé z nich obratně vyhnul.

Maledissero lui, i suoi antenati, i suoi discendenti e ogni suo capello.

Prokleli jeho, jeho předky, jeho potomky a každý jeho vlas.

Ma Buck si limitò a ringhiare e a restare appena fuori dalla loro portata.

Ale Buck jen zavrčel a držel se těsně mimo jejich dosah.

Non cercò mai di scappare, ma continuò a girare intorno all'accampamento deliberatamente.

Nikdy se nepokusil utéct, ale úmyslně tábor kroužil.

Disse chiaramente che avrebbe obbedito una volta ottenuto ciò che voleva.

Dal jasně najevo, že poslechne, jakmile mu dají, co chce.

Alla fine François si sedette e si grattò la testa, frustrato.

François se konečně posadil a frustrovaně se poškrábal na hlavě.

Perrault controllò l'orologio, imprecò e borbottò qualcosa sul tempo perso.

Perrault se podíval na hodinky, zaklel a zamumlal si něco o ztraceném čase.

Era già trascorsa un'ora, mentre avrebbero dovuto essere sulle tracce.

Už uplynula hodina, kdy měli být na stezce.

François alzò le spalle timidamente, guardando il corriere, che sospirò sconfitto.

François ostýchavě pokrčil rameny směrem k kurýrovi, který si porážečně povzdechl.

Poi François si avvicinò a Solleks e chiamò ancora una volta Buck.

Pak François přešel k Solleksovi a znovu zavolal na Bucka.

Buck rise come ride un cane, ma mantenne una cauta distanza.

Buck se smál jako pes, ale držel si opatrný odstup.

François tolse l'imbracatura a Solleks e lo rimise al suo posto.

François sundal Solleksovi postroj a vrátil ho na jeho místo.

La squadra di slittini era completamente imbracata, con un solo posto libero.

Spřežení stálo plně zapřažené, jen jedno místo bylo neobsazené.

La posizione di comando rimase vuota, chiaramente riservata solo a Buck.

Vedoucí pozice zůstala prázdná, zjevně určená pouze pro Bucka.

François chiamò di nuovo e di nuovo Buck rise e mantenne la sua posizione.

François zavolal znovu a Buck se znovu zasmál a stál na svém.

«Gettate giù la mazza», ordinò Perrault senza esitazione.

„Hoďte klackem dolů," nařídil Perrault bez váhání.

François obbedì e Buck si lanciò subito avanti con orgoglio.

François poslechl a Buck okamžitě hrdě vyklusal vpřed.

Rise trionfante e assunse la posizione di comando.
Vítězně se zasmál a zaujal vedoucí pozici.

François fissò le corde e la slitta si staccò.
François si zajistil stopy a sáně se uvolnily.

Entrambi gli uomini corsero fianco a fianco mentre la squadra si lanciava lungo il sentiero del fiume.
Oba muži běželi vedle nich, když se tým hnal na stezku podél řeky.

François aveva avuto una grande stima dei "due diavoli" di Buck,
François si Buckových „dvou ďáblů" vážil.

ma ben presto si rese conto di aver in realtà sottovalutato il cane.
ale brzy si uvědomil, že psa ve skutečnosti podcenil.

Buck assunse rapidamente la leadership e si comportò in modo eccellente.
Buck se rychle ujal vedení a podával vynikající výkony.

Buck superò Spitz per capacità di giudizio, rapidità di pensiero e rapidità di azione.
V úsudku, rychlém myšlení a rychlé akci Buck Spitze předčil.

François non aveva mai visto un cane pari a quello che Buck mostrava ora.
François nikdy neviděl psa rovného tomu, jakého teď Buck předváděl.

Ma Buck eccelleva davvero nel far rispettare l'ordine e nel imporre rispetto.
Buck ale skutečně vynikal v prosazování pořádku a vzbuzování respektu.

Dave e Solleks accettarono il cambiamento senza preoccupazioni o proteste.
Dave a Solleks změnu přijali bez obav a protestů.

Si concentravano solo sul lavoro e tiravano forte le redini.
Soustředili se jen na práci a tvrdě tahali za otěže.

A loro importava poco chi guidasse, purché la slitta continuasse a muoversi.
Moc jim nezáleželo na tom, kdo vede, hlavně aby se sáně pohybovaly.

Billee, quella allegra, avrebbe potuto comandare per quel che volevano.

Billee, ta veselá, mohla vést, ať jim bylo cokoliv.

Ciò che contava per loro era la pace e l'ordine tra i ranghi.

Záleželo jim na klidu a pořádku v řadách.

Il resto della squadra era diventato indisciplinato durante il declino di Spitz.

Zbytek týmu se během Spitzova úpadku stal neposlušným.

Rimasero scioccati quando Buck li riportò immediatamente all'ordine.

Byli šokováni, když je Buck okamžitě uvedl do pořádku.

Pike era sempre stato pigro e aveva sempre tergiversato dietro a Buck.

Pike byl vždycky líný a vlekl se za Buckem.

Ma ora è stato severamente disciplinato dalla nuova leadership.

Ale nyní byl novým vedením ostře potrestán.

E imparò rapidamente a dare il suo contributo alla squadra.

A rychle se naučil v týmu hrát klíčovou roli.

Alla fine della giornata, Pike lavorò più duramente che mai.

Na konci dne Pike pracoval tvrději než kdy jindy.

Quella notte all'accampamento, Joe, il cane scontroso, fu finalmente domato.

Té noci v táboře byl Joe, ten kyselý pes, konečně zkrocen.

Spitz non era riuscito a disciplinarlo, ma Buck non aveva fallito.

Spitz ho nedokázal potrestat, ale Buck nezklamal.

Sfruttando il suo peso maggiore, Buck sopraffece Joe in pochi secondi.

Buck využil své větší váhy a během několika sekund Joea přemohl.

Morse e picchiò Joe finché questi non si mise a piagnucolare e smise di opporre resistenza.

Kousal a tloukl Joea, dokud nezakňoural a nepřestal se bránit.

Da quel momento in poi l'intera squadra migliorò.

Celý tým se od té chvíle zlepšil.

I cani ritrovarono la loro antica unità e disciplina.

Psi znovu získali svou starou jednotu a disciplínu.

A Rink Rapids si sono uniti al gruppo due nuovi husky autoctoni, Teek e Koona.

V Rink Rapids se připojili dva noví původní huskyové, Teek a Koona.

La rapidità con cui Buck li addestramento stupì perfino François.

Buckův rychlý výcvik ohromil i Françoise.

"Non è mai esistito un cane come quel Buck!" esclamò stupito.

„Nikdy tu nebyl takový pes jako tenhle Buck!" zvolal s úžasem.

"No, mai! Vale mille dollari, per Dio!"

„Ne, nikdy! Vždyť má hodnotu tisíc dolarů, proboha!"

"Eh? Che ne dici, Perrault?" chiese con orgoglio.

„Cože? Co říkáte, Perraulte?" zeptal se s hrdostí.

Perrault annuì in segno di assenso e controllò i suoi appunti.

Perrault souhlasně přikývl a zkontroloval si poznámky.

Siamo già in anticipo sui tempi e guadagniamo sempre di più ogni giorno.

Už teď předbíháme plán a každý den získáváme další.

Il sentiero era compatto e liscio, senza neve fresca.

Stezka byla zpevněná a hladká, bez čerstvého sněhu.

Il freddo era costante, con temperature che si aggiravano sempre sui cinquanta gradi sotto zero.

Chlad byl stálý a po celou dobu se pohyboval kolem padesáti stupňů pod nulou.

Per scaldarsi e guadagnare tempo, gli uomini si alternavano a cavallo e a correre.

Muži se střídali v jízdě a běhu, aby se zahřáli a udělali si čas.

I cani correvano veloci, fermandosi di rado, spingendosi sempre in avanti.

Psi běželi rychle s několika málo zastávkami a neustále se tlačili vpřed.

Il fiume Thirty Mile era per la maggior parte ghiacciato e facile da attraversare.

Řeka Třicet mil byla většinou zamrzlá a snadno se přes ni dalo cestovat.

In un giorno realizzarono ciò che per arrivare aveva impiegato dieci giorni.

Odešli během jednoho dne, zatímco příjezd jim trval deset dní.

Percorsero circa 96 chilometri dal lago Le Barge a White Horse.

Urazili šedesát mil od jezera Le Barge k Bílému koni.

Si muovevano a velocità incredibile attraverso i laghi Marsh, Tagish e Bennett.

Přes jezera Marsh, Tagish a Bennett se pohybovali neuvěřitelně rychle.

L'uomo che correva veniva trainato dietro la slitta con una corda.

Běžící muž táhl saně na laně.

L'ultima notte della seconda settimana giunsero a destinazione.

Poslední noc druhého týdne dorazili do cíle.

Insieme avevano raggiunto la cima del White Pass.

Společně dosáhli vrcholu Bílého průsmyku.

Scesero fino al livello del mare, con le luci dello Skaguay sotto di loro.

Klesli na hladinu moře se světly Skaguaye pod sebou.

Era stata una corsa da record attraverso chilometri di fredda natura selvaggia.

Byl to rekordní běh napříč kilometry chladné divočiny.

Per quattordici giorni di fila percorsero in media circa quaranta miglia.

Čtrnáct dní v kuse urazili v průměru silných šedesát mil.

A Skaguay, Perrault e François trasportavano merci attraverso la città.

Ve Skaguay přepravovali Perrault a François náklad městem.

Furono applauditi e ricevettero numerose bevande dalla folla ammirata.

Obdivující davy je povzbuzovaly a nabízely jim mnoho nápojů.

I cacciatori di cani e gli operai si sono riuniti attorno alla famosa squadra cinofila.

Lovci psů a pracovníci se shromáždili kolem slavného psího spřežení.

Poi i fuorilegge del West giunsero in città e subirono una violenta sconfitta.

Pak do města přišli západní zločinci a utrpěli tuhou porážku.

La gente si dimenticò presto della squadra e si concentrò sul nuovo dramma.

Lidé brzy zapomněli na tým a soustředili se na nové drama.

Poi arrivarono i nuovi ordini che cambiarono tutto in un colpo.

Pak přišly nové rozkazy, které všechno najednou změnily.

François chiamò Buck e lo abbracciò con orgoglio e lacrime.

François si k sobě zavolal Bucka a s hrdostí, která se mu do očí do očí, ho objal.

Quel momento fu l'ultima volta che Buck vide di nuovo François.

V tom okamžiku Buck Françoise viděl naposledy.

Come molti altri uomini prima di lui, sia François che Perrault se n'erano andati.

Stejně jako mnoho mužů předtím, i François i Perrault byli pryč.

Un meticcio scozzese si prese cura di Buck e dei suoi compagni di squadra con i cani da slitta.

Skotský míšenec se ujal vedení Bucka a jeho kolegů ze psího spřežení.

Con una dozzina di altre mute di cani, ritornarono lungo il sentiero fino a Dawson.

S tuctem dalších psích spřežení se vrátili po stezce do Dawsonu.

Non si trattava più di una corsa veloce, ma solo di un duro lavoro con un carico pesante ogni giorno.

Teď to nebyl žádný rychlý běh – jen těžká dřina s těžkým nákladem každý den.

Si trattava del treno postale che portava notizie ai cercatori d'oro vicino al Polo.

Toto byl poštovní vlak, který přivážel zprávy lovcům zlata blízko pólu.

Buck non amava il lavoro, ma lo sopportò bene, essendo orgoglioso del suo impegno.

Buck tu práci neměl rád, ale snášel ji dobře a byl na svou snahu hrdý.

Come Dave e Solleks, Buck dimostrava dedizione in ogni compito quotidiano.

Stejně jako Dave a Solleks, i Buck projevoval oddanost každému každodennímu úkolu.

Si è assicurato che tutti i suoi compagni di squadra dessero il massimo.

Ujistil se, že každý z jeho spoluhráčů odvedl svou práci.

La vita sui sentieri divenne noiosa e si ripeteva con la precisione di una macchina.

Život na stezkách se stal nudným, opakujícím se s přesností stroje.

Ogni giorno era uguale, una mattina si fondeva con quella successiva.

Každý den se zdál stejný, jedno ráno splývalo s dalším.

Alla stessa ora, i cuochi si alzarono per accendere il fuoco e preparare il cibo.

Ve stejnou hodinu vstali kuchaři, aby rozdělali oheň a připravili jídlo.

Dopo colazione alcuni lasciarono l'accampamento mentre altri attaccarono i cani.

Po snídani někteří opustili tábor, zatímco jiní zapřahli psy.

Raggiunsero il sentiero prima che il pallido segnale dell'alba sfiorasse il cielo.

Vydali se na stezku dříve, než se oblohy dotklo slabé varování před úsvitem.

Di notte si fermavano per accamparsi, e a ogni uomo veniva assegnato un compito.

V noci se zastavili, aby si postavili tábor, každý muž s pevně stanovenou povinností.

Alcuni montarono le tende, altri tagliarono la legna da ardere e raccolsero rami di pino.

Někteří stavěli stany, jiní káceli dříví a sbírali borové větve.

Acqua o ghiaccio venivano portati ai cuochi per la cena serale.

Na večeři se kuchařům nosila voda nebo led.

I cani vennero nutriti e per loro quello fu il momento migliore della giornata.

Psi byli nakrmeni a tohle pro ně byla nejlepší část dne.

Dopo aver mangiato il pesce, i cani si rilassarono e oziarono vicino al fuoco.

Poté, co snědli rybu, si psi odpočinuli a lenošili u ohně.

Nel convoglio c'erano un centinaio di altri cani con cui socializzare.

V konvoji bylo dalších sto psů, se kterými se dalo vmísit.

Molti di quei cani erano feroci e pronti a combattere senza preavviso.

Mnoho z těchto psů bylo divokých a rychlých do boje bez varování.

Ma dopo tre vittorie, Buck riuscì a domare anche i combattenti più feroci.

Ale po třech vítězstvích Buck zvládl i ty nejzuřivější bojovníky.

Ora, quando Buck ringhiò e mostrò i denti, loro si fecero da parte.

Když Buck zavrčel a ukázal zuby, ustoupili stranou.

Forse la cosa più bella di tutte era che a Buck piaceva sdraiarsi vicino al fuoco tremolante.

Snad ze všeho nejvíc Buck miloval ležení u mihotavého ohně.

Si accovacciò, con le zampe posteriori ripiegate e quelle anteriori distese in avanti.

Dřepěl se se zastrčenými zadními nohami a nataženými předními vpřed.

Teneva la testa sollevata e sbatteva dolcemente le palpebre verso le fiamme ardenti.

Zvedl hlavu a tiše zamrkal na zářící plameny.

A volte ricordava la grande casa del giudice Miller a Santa Clara.

Někdy si vzpomínal na velký dům soudce Millera v Santa Claře.

Pensò alla piscina di cemento, a Ysabel e al carlino di nome Toots.

Myslel na betonový bazén, na Ysabel a mopse jménem Toots.

Ma più spesso si ricordava del bastone dell'uomo con il maglione rosso.

Ale častěji si vzpomínal na muže s kyjem v červeném svetru.

Ricordava la morte di Curly e la sua feroce battaglia con Spitz.

Vzpomněl si na Kudrnatýho smrt a jeho zuřivý boj se Spitzem.

Ricordava anche il buon cibo che aveva mangiato o che ancora sognava.

Také si vzpomněl na dobré jídlo, které jedl nebo o kterém stále snil.

Buck non aveva nostalgia di casa: la valle calda era lontana e irreale.

Buckovi se nestýskalo po domově – teplé údolí bylo vzdálené a neskutečné.

I ricordi della California non avevano più alcun fascino su di lui.

Vzpomínky na Kalifornii ho už žádnou skutečnou přitažlivost neměly.

Più forti della memoria erano gli istinti radicati nella sua stirpe.

Silnější než paměť byly instinkty hluboko v jeho krevní linii.

Le abitudini un tempo perdute erano tornate, ravvivate dal sentiero e dalla natura selvaggia.

Zvyky kdysi ztracené se vrátily, oživené stezkou a divočinou.

Mentre Buck osservava la luce del fuoco, a volte questa diventava qualcos'altro.

Když Buck pozoroval světlo ohně, občas se to stávalo něčím jiným.

Vide alla luce del fuoco un altro fuoco, più vecchio e più profondo di quello attuale.

Ve světle ohně spatřil další oheň, starší a hlubší než ten současný.

Accanto all'altro fuoco era accovacciato un uomo che non somigliava per niente al cuoco meticcio.

Vedle toho druhého ohně se krčil muž, nepodobný míšenému kuchaři.

Questa figura aveva gambe corte, braccia lunghe e muscoli duri e contratti.

Tato postava měla krátké nohy, dlouhé paže a pevné, zauzlené svaly.

I suoi capelli erano lunghi e arruffati, e gli scendevano all'indietro a partire dagli occhi.

Jeho vlasy byly dlouhé a zacuchané, splývavé od očí.

Emetteva strani suoni e fissava l'oscurità con paura.

Vydával zvláštní zvuky a s hrůzou zíral do tmy.

Teneva bassa una mazza di pietra, stretta saldamente nella sua mano lunga e ruvida.

V dlouhé drsné ruce pevně svíral kamennou kyj nízko.

L'uomo indossava ben poco: solo una pelle carbonizzata che gli pendeva lungo la schiena.

Muž měl na sobě jen málo věcí; jen spálenou kůži, která mu visela po zádech.

Il suo corpo era ricoperto da una folta peluria sulle braccia, sul petto e sulle cosce.

Jeho tělo bylo pokryto hustými chlupy na pažích, hrudi a stehnech.

Alcune parti del pelo erano aggrovigliate e formavano chiazze di pelo ruvido.

Některé části vlasů byly zacuchané do chomáčků drsné srsti.

Non stava dritto, ma era piegato in avanti dai fianchi alle ginocchia.

Nestál rovně, ale předkloněný od boků ke kolenům.

I suoi passi erano elastici e felini, come se fosse sempre pronto a scattare.

Jeho kroky byly pružné a kočičí, jako by byl vždy připraven ke skoku.

C'era una forte allerta, come se vivesse nella paura costante.

Byla v něm silná bdělost, jako by žil v neustálém strachu.

Quest'uomo anziano sembrava aspettarsi il pericolo, indipendentemente dal fatto che questo venisse visto o meno.

Zdálo se, že tento starý muž očekává nebezpečí, ať už ho viděl, nebo ne.

A volte l'uomo peloso dormiva accanto al fuoco, con la testa tra le gambe.

Chlupatý muž občas spal u ohně s hlavou schovanou mezi nohama.

Teneva i gomiti sulle ginocchia e le mani giunte sopra la testa.

Lokty měl opřené o kolena, ruce sepjaté nad hlavou.

Come un cane, usava le sue braccia pelose per proteggersi dalla pioggia che cadeva.

Jako pes používal své chlupaté paže, aby se zbavil padajícího deště.

Oltre la luce del fuoco, Buck vide due carboni ardenti che ardevano nell'oscurità.

Za světlem ohně Buck uviděl ve tmě dva žhnoucí uhlíky.

Sempre a due a due, erano gli occhi delle bestie da preda.

Vždy dva po dvou, byly to oči číhajících dravých zvířat.

Sentì corpi che si infrangevano tra i cespugli e rumori provenienti dalla notte.

Slyšel těla padající křovím a zvuky vydávané v noci.

Sdraiato sulla riva dello Yukon, sbattendo le palpebre, Buck sognò accanto al fuoco.

Buck ležel na břehu Yukonu a mrkal u ohně a snil.

Le immagini e i suoni di quel mondo selvaggio gli fecero rizzare i capelli.

Z pohledu a zvuků toho divokého světa se mu ježily vlasy.

La pelliccia gli si drizzò lungo la schiena, sulle spalle e sul collo.

Srst se mu zježila po zádech, ramenou a krku.

Gemeva piano o emetteva un ringhio basso dal profondo del petto.

Tiše kňučel nebo hluboko v hrudi tiše zavrčel.

Allora il cuoco meticcio urlò: "Ehi, Buck, svegliati!"

Pak míšenec kuchař vykřikl: „Hej, ty Bucku, vstávej!"

Il mondo dei sogni svanì e la vera vita tornò agli occhi di Buck.

Svět snů zmizel a Buckovi se do očí vrátil skutečný život.

Si sarebbe alzato, si sarebbe stiracchiato e avrebbe sbadigliato, come se si fosse svegliato da un pisolino.

Chystal se vstát, protáhnout se a zívnout, jako by se probudil ze zdřímnutí.

Il viaggio era duro, con la slitta postale che li trascinava dietro.

Cesta byla namáhavá, poštovní saně se vlekly za nimi.

Carichi pesanti e lavoro duro sfinivano i cani ogni lunga giornata.

Těžké náklady a namáhavá práce psy každý dlouhý den vyčerpávaly.

Arrivarono a Dawson magro, stanco e con bisogno di più di una settimana di riposo.

Do Dawsonu dorazili vyhublí, unavení a potřebovali si odpočinout přes týden.

Ma solo due giorni dopo ripartirono per lo Yukon.

Ale pouhé dva dny později se znovu vydali dolů po Yukonu.

Erano carichi di altre lettere dirette al mondo esterno.

Byli naloženi dalšími dopisy směřujícími do vnějšího světa.

I cani erano esausti e gli uomini si lamentavano in continuazione.

Psi byli vyčerpaní a muži si neustále stěžovali.

Ogni giorno cadeva la neve, ammorbidendo il sentiero e rallentando le slitte.

Sníh padal každý den, změkčoval stezku a zpomaloval saně.

Ciò rendeva la trazione più dura e aumentava la resistenza delle guide.

To vedlo k tvrdšímu tahání a většímu odporu běžců.

Nonostante ciò, i piloti si sono dimostrati leali e hanno avuto cura delle loro squadre.

Navzdory tomu byli jezdci féroví a starali se o své týmy.

Ogni notte, i cani venivano nutriti prima che gli uomini mangiassero.

Každý večer byli psi nakrmeni, než se k jídlu dostali muži.

Nessun uomo dormiva prima di controllare le zampe del proprio cane.

Žádný člověk nespal, než zkontroloval tlapky svého vlastního psa.

Tuttavia, i cani diventavano sempre più deboli man mano che i chilometri consumavano i loro corpi.

Psi však s ubývajícími kilometry slábli.

Avevano viaggiato per milleottocento miglia durante l'inverno.

Během zimy urazili osmnáct set mil.

Percorrevano ogni miglio di quella distanza brutale trainando le slitte.

Táhli saně přes každou míli té nelítostné vzdálenosti.

Anche i cani da slitta più resistenti provano tensione dopo tanti chilometri.

I ti nejtvrdší saňoví psi cítí po tolika kilometrech zátěž.

Buck tenne duro, fece sì che la sua squadra lavorasse e mantenne la disciplina.

Buck se držel, udržoval svůj tým v chodu a udržoval disciplínu.

Ma Buck era stanco, proprio come gli altri durante il lungo viaggio.

Ale Buck byl unavený, stejně jako ostatní na dlouhé cestě.

Billee piagnucolava e piangeva nel sonno ogni notte, senza sosta.

Billee každou noc bez výjimky kňučel a plakal ve spánku.

Joe diventò ancora più amareggiato e Solleks rimase freddo e distante.

Joe se ještě více zahořkl a Solleks zůstal chladný a odtažitý.

Ma è stato Dave a soffrire di più di tutta la squadra.

Ale byl to Dave, kdo z celého týmu trpěl nejhůře.

Qualcosa dentro di lui era andato storto, anche se nessuno sapeva cosa.

Něco se v něm dělo špatně, i když nikdo nevěděl co.

Divenne più lunatico e aggredì gli altri con rabbia crescente.

Stával se mrzutějším a s rostoucím hněvem na ostatní napadal.

Ogni notte andava dritto al suo nido, in attesa di essere nutrito.

Každou noc šel rovnou do svého hnízda a čekal na krmení.

Una volta a terra, Dave non si alzò più fino al mattino.

Jakmile byl Dave dole, nevstal až do rána.

Sulle redini, gli improvvisi strattoni o sussulti lo facevano gridare di dolore.

Náhlé trhnutí nebo trhnutí otěží ho donutilo vykřiknout bolestí.

L'autista ha cercato di capirne la causa, ma non ha trovato ferite.

Jeho řidič pátral po příčině, ale nenašel u něj žádné zranění.

Tutti gli autisti cominciarono a osservare Dave e a discutere del suo caso.

Všichni řidiči začali Davea pozorovat a probírali jeho případ.

Parlarono durante i pasti e durante l'ultima sigaretta della giornata.

Povídali si u jídla a během poslední cigarety dne.

Una notte tennero una riunione e portarono Dave al fuoco.

Jednou v noci uspořádali schůzi a přivedli Davea k ohni.

Gli premevano e palpavano il corpo e lui gridava spesso.

Tlačili a zkoumali jeho tělo a on často křičel.

Era evidente che qualcosa non andava, anche se non sembrava esserci nessuna frattura.

Bylo jasné, že něco není v pořádku, i když se zdálo, že žádná kost není zlomená.

Quando arrivarono al Cassiar Bar, Dave stava cadendo.

Než dorazili k Cassiar Baru, Dave už padal.

Il meticcio scozzese impose uno stop e rimosse Dave dalla squadra.

Skotský míšenec zastavil tým a vyloučil Davea z týmu.

Fissò Solleks al posto di Dave, il più vicino possibile alla parte anteriore della slitta.

Upevnil Solleky na Daveovo místo, nejblíže k přední části saní.

Voleva lasciare che Dave riposasse e corresse libero dietro la slitta in movimento.

Chtěl nechat Davea odpočinout si a volně běhat za jedoucími saněmi.

Ma nonostante la malattia, Dave odiava che gli venisse tolto il lavoro che aveva ricoperto.

Ale i když byl nemocný, Dave nenáviděl, když ho vzali z práce, kterou dříve vykonával.

Ringhiò e piagnucolò quando gli strapparono le redini dal corpo.

Zavrčel a zakňučel, když mu někdo sundal otěže z těla.

Quando vide Solleks al suo posto, pianse disperato.

Když uviděl Solleksa na svém místě, rozplakal se zlomenou bolestí.

L'orgoglio per il lavoro sui sentieri era profondo in Dave, anche quando la morte si avvicinava.

Hrdost na práci na stezkách v Daveovi hluboce přetrvávala, i když se blížila smrt.

Mentre la slitta si muoveva, Dave arrancava nella neve soffice vicino al sentiero.

Jak se sáně pohybovaly, Dave se bouchal v měkkém sněhu poblíž stezky.

Attaccò Solleks, mordendolo e spingendolo giù dal lato della slitta.

Zaútočil na Sollleksa, kousl ho a strčil ho ze strany saní.

Dave cercò di saltare nell'imbracatura e di riprendersi il suo posto di lavoro.

Dave se pokusil naskočit do postroje a znovu zaujmout své pracovní místo.

Lui guaiva, si lamentava e piangeva, diviso tra il dolore e l'orgoglio del parto.

Kňučel, naříkal a plakal, rozpolcen mezi bolestí a hrdostí na práci.

Il meticcio usò la frusta per cercare di allontanare Dave dalla squadra.

Míšenec se bičem pokusil Davea od týmu odehnat.

Ma Dave ignorò la frustata e l'uomo non riuscì a colpirlo più forte.

Dave si ale ránu bičem nevšímal a muž ho nemohl udeřit silněji.

Dave rifiutò il sentiero più facile dietro la slitta, dove la neve era compatta.

Dave odmítl jednodušší cestu za saněmi, kde byl udusaný sníh.

Invece, si ritrovò a lottare nella neve profonda, ai lati del sentiero, in preda alla miseria.

Místo toho se v hlubokém sněhu vedle stezky trápil.

Alla fine Dave crollò, giacendo sulla neve e urlando di dolore.

Nakonec se Dave zhroutil, ležel ve sněhu a vyl bolestí.

Lanciò un grido mentre la lunga fila di slitte gli passava accanto una dopo l'altra.

Vykřikl, když ho dlouhý zástup saní jeden po druhém míjel.

Tuttavia, con le poche forze che gli rimanevano, si alzò e barcollò dietro di loro.

Přesto se zbývajícími silami vstal a klopýtal za nimi.

Quando il treno si fermò di nuovo, lo raggiunse e trovò la sua vecchia slitta.

Dohonil vlak, když znovu zastavil, a našel své staré sáně.

Superò con difficoltà le altre squadre e tornò a posizionarsi accanto a Solleks.

Proklouzl kolem ostatních týmů a znovu se postavil vedle Sollekse.

Mentre l'autista si fermava per accendere la pipa, Dave colse l'ultima occasione.

Když se řidič zastavil, aby si zapálil dýmku, Dave využil poslední šance.

Quando l'autista tornò e urlò, la squadra non avanzò.

Když se řidič vrátil a zakřičel, tým se nepohnul vpřed.

I cani avevano girato la testa, confusi dall'improvviso arresto.

Psi otočili hlavy, zmateni náhlým zastavením.

Anche il conducente era scioccato: la slitta non si era mossa di un centimetro in avanti.

Řidič byl také v šoku – sáně se nepohnuly ani o píď dopředu.

Chiamò gli altri perché venissero a vedere cosa era successo.
Zavolal na ostatní, aby se přišli podívat, co se stalo.
Dave aveva masticato le redini di Solleks, spezzandole entrambe.
Dave překousl Solleksovy otěže a obě mu zlomil.
Ora era di nuovo in piedi davanti alla slitta, nella sua giusta posizione.
Teď stál před saněmi, zpět na svém správném místě.
Dave alzò lo sguardo verso l'autista, implorandolo silenziosamente di restare al passo.
Dave vzhlédl k řidiči a tiše ho prosil, aby zůstal v kolejích.
L'autista era perplesso e non sapeva cosa fare per il cane in difficoltà.
Řidič byl zmatený a nevěděl, co má s trápícím se psem dělat.
Gli altri uomini parlavano di cani morti perché li avevano portati fuori.
Ostatní muži mluvili o psech, kteří uhynuli poté, co je někdo vyvedl ven.
Raccontavano di cani vecchi o feriti il cui cuore si era spezzato quando erano stati abbandonati.
Vyprávěli o starých nebo zraněných psech, kterým se zlomilo srdce, když byli opuštěni.
Concordarono che era un atto di misericordia lasciare che Dave morisse mentre era ancora imbrigliato.
Shodli se, že je milosrdenstvím nechat Davea zemřít ještě v postroji.
Fu rimesso in sicurezza sulla slitta e Dave tirò con orgoglio.
Byl přivázaný zpět k saním a Dave s hrdostí táhl.
Anche se a volte gridava, lavorava come se il dolore potesse essere ignorato.
I když občas křičel, pracoval, jako by bolest mohl ignorovat.
Più di una volta cadde e fu trascinato prima di rialzarsi.
Vícekrát upadl a byl tažen, než se znovu postavil.
A un certo punto la slitta gli rotolò addosso e da quel momento in poi zoppicò.
Jednou se přes něj sáně převrátily a od té chvíle kulhal.

Nonostante ciò, lavorò finché non raggiunse l'accampamento e poi si sdraiò accanto al fuoco.

Přesto pracoval, dokud nedorazil do tábora, a pak si lehl k ohni.

Al mattino Dave era troppo debole per muoversi o anche solo per stare in piedi.

Ráno byl Dave příliš slabý na to, aby cestoval nebo se dokonce postavil na nohy.

Al momento di allacciare l'imbracatura, cercò di raggiungere il suo autista con sforzi tremanti.

Když byl čas napnout postroj, s třesoucí se námahou se snažil dosáhnout svého řidiče.

Si sforzò di rialzarsi, barcollò e crollò sul terreno innevato.

Přinutil se vstát, zapotácel se a zhroutil se na zasněženou zem.

Utilizzando le zampe anteriori, trascinò il suo corpo verso la zona dell'imbracatura.

Předníma nohama táhl své tělo k místu, kde se mohly uchytit postroje.

Si fece avanti, centimetro dopo centimetro, verso i cani da lavoro.

Krok za krokem se sunul vpřed k pracujícím psům.

Le forze gli cedettero, ma continuò a muoversi nel suo ultimo disperato tentativo.

Síly ho opouštěly, ale v posledním zoufalém úderu se dál nevzdával.

I suoi compagni di squadra lo videro ansimare nella neve, ancora desideroso di unirsi a loro.

Jeho spoluhráči ho viděli, jak ve sněhu lape po dechu a stále toužil se k nim přidat.

Lo sentirono urlare di dolore mentre si lasciavano alle spalle l'accampamento.

Slyšeli ho, jak zármutkem vyje, když opouštěli tábor.

Mentre la squadra svaniva tra gli alberi, il grido di Dave risuonava dietro di loro.

Když tým zmizel v lese, Daveův výkřik se rozléhal za nimi.

Il treno delle slitte si fermò brevemente dopo aver attraversato un tratto di fiume ricco di boschi.

Sáňový vláček se krátce zastavil po překročení úseku říčního lesa.

Il meticcio scozzese tornò lentamente verso l'accampamento alle sue spalle.

Skotský míšenec se pomalu vracel k táboru za nimi.

Gli uomini smisero di parlare quando lo videro scendere dal treno delle slitte.

Muži přestali mluvit, když ho viděli vystupovat ze saňového vlaku.

Poi un singolo colpo di pistola risuonò chiaro e netto attraverso il sentiero.

Pak se přes stezku jasně a ostře ozval jediný výstřel.

L'uomo tornò rapidamente e prese il suo posto senza dire una parola.

Muž se rychle vrátil a beze slova zaujal své místo.

Le fruste schioccavano, i campanelli tintinnavano e le slitte avanzavano sulla neve.

Biče praskaly, zvonky cinkaly a saně se kutálely sněhem.

Ma Buck sapeva cosa era successo, come tutti gli altri cani.

Ale Buck věděl, co se stalo – a stejně tak všichni ostatní psi.

La fatica delle redini e del sentiero
Dříč otěží a stezky

Trenta giorni dopo aver lasciato Dawson, la Salt Water Mail raggiunse Skaguay.
Třicet dní po odplutí z Dawsonu dorazila Salt Water Mail do Skaguay.

Buck e i suoi compagni di squadra presero il comando e arrivarono in condizioni pietose.
Buck a jeho spoluhráči se ujali vedení a dorazili v žalostném stavu.

Buck era sceso da 140 a 150 chili.
Buck zhubl ze sto čtyřiceti na sto patnáct liber.

Gli altri cani, sebbene più piccoli, avevano perso ancora più peso corporeo.
Ostatní psi, ačkoli menší, ztratili ještě více tělesné hmotnosti.

Pike, che una volta zoppicava fingendo, ora trascinava dietro di sé una gamba veramente ferita.
Pike, kdysi falešný kulhající muž, teď za sebou vláčel skutečně zraněnou nohu.

Solleks zoppicava gravemente e Dub aveva una scapola slogata.
Solleks silně kulhal a Dub měl vykloubenou lopatku.

Tutti i cani del team avevano i piedi doloranti a causa delle settimane trascorse sul sentiero ghiacciato.
Každý pes v týmu měl po týdnech na zmrzlé stezce bolavé nohy.

Non avevano più slancio nei loro passi, solo un movimento lento e trascinato.
V jejich krocích už nebyla žádná pružnost, jen pomalý, vlečný pohyb.

I loro piedi colpivano il sentiero con forza e ogni passo aggiungeva ulteriore sforzo al loro corpo.
Jejich nohy tvrdě dopadaly na stezku a každý krok jim přidával další námahu.

Non erano malati, erano solo stremati oltre ogni possibile guarigione naturale.

Nebyli nemocní, jen vyčerpaní nad veškeré přirozené uzdravení.

Non si trattava della stanchezza di una giornata faticosa, curata con una notte di riposo.

Tohle nebyla únava z jednoho náročného dne, vyléčená nočním odpočinkem.

Era una stanchezza accumulata lentamente attraverso mesi di sforzi estenuanti.

Byla to vyčerpanost, která se pomalu nahromadila měsíci vyčerpávající námahy.

Non era rimasta alcuna riserva di forze: avevano esaurito ogni energia a loro disposizione.

Nezbyly jim žádné rezervní síly – vyčerpali už všechno, co měli.

Ogni muscolo, fibra e cellula del loro corpo era consumato e usurato.

Každý sval, vlákno a buňka v jejich tělech byly vyčerpané a opotřebované.

E c'era un motivo: avevano percorso duemilacinquecento miglia.

A měl k tomu důvod – ujeli dvacet pět set mil.

Si erano riposati solo cinque giorni durante le ultime milleottocento miglia.

Během posledních osmnácti set mil odpočívali jen pět dní.

Quando giunsero a Skaguay, sembrava che riuscissero a malapena a stare in piedi.

Když dorazili do Skaguay, vypadali, že se sotva udrží na nohou.

Facevano fatica a tenere le redini strette e a restare davanti alla slitta.

S obtížemi udrželi otěže pevně napjaté a udrželi se před saněmi.

Nei pendii in discesa riuscivano solo a evitare di essere investiti.

Na svazích z kopce se jim podařilo vyhnout se jen přejetí.

"Continuate a marciare, poveri piedi doloranti", disse l'autista mentre zoppicavano.

„Jen pojďte dál, ubohé bolavé nohy," řekl řidič, když kulhali dál.

"Questo è l'ultimo tratto, poi ci prenderemo tutti un lungo riposo, di sicuro."

„Tohle je poslední úsek a pak si všichni určitě dáme jeden dlouhý odpočinek."

"Un riposo davvero lungo", promise, guardandoli barcollare in avanti.

„Jeden opravdu dlouhý odpočinek," slíbil a sledoval, jak se potácejí vpřed.

Gli autisti si aspettavano una lunga e necessaria pausa.

Řidiči očekávali, že si teď dají dlouhou a potřebnou přestávku.

Avevano percorso milleduecento miglia con solo due giorni di riposo.

Urazili dvanáct set mil a měli jen dva dny odpočinku.

Per correttezza e ragione, ritenevano di essersi guadagnati un po' di tempo per rilassarsi.

Spravedlně a rozumně měli pocit, že si zasloužili čas na odpočinek.

Ma troppi erano giunti nel Klondike e troppo pochi erano rimasti a casa.

Ale na Klondike jich přišlo příliš mnoho a příliš málo jich zůstalo doma.

Le lettere delle famiglie continuavano ad arrivare, creando pile di posta in ritardo.

Dopisy od rodin se hromadily a vytvářely hromady zpožděné pošty.

Arrivarono gli ordini ufficiali: i nuovi cani della Hudson Bay avrebbero preso il sopravvento.

Dorazily oficiální rozkazy – noví psi z Hudsonova zálivu se měli ujmout moci.

I cani esausti, ormai considerati inutili, dovevano essere eliminati.

Vyčerpaní psi, nyní označovaní za bezcenné, měli být zlikvidováni.

Poiché i soldi erano più importanti dei cani, venivano venduti a basso prezzo.

Protože peníze byly důležitější než psi, měli se prodávat levně.

Passarono altri tre giorni prima che i cani si accorgessero di quanto fossero deboli.

Uplynuly další tři dny, než psi pocítili, jak jsou slabí.

La quarta mattina, due uomini provenienti dagli Stati Uniti acquistarono l'intera squadra.

Čtvrtého rána koupili dva muži ze Států celý tým.

La vendita comprendeva tutti i cani e le loro imbracature usate.

Prodej zahrnoval všechny psy a jejich obnošené postroje.

Mentre concludevano l'affare, gli uomini si chiamavano tra loro "Hal" e "Charles".

Muži si při uzavírání obchodu oslovovali „Hale" a „Charles".

Charles era un uomo di mezza età, pallido, con labbra molli e folti baffi.

Karel byl středního věku, bledý, s ochablými rty a ostrými špičkami kníru.

Hal era un giovane, forse diciannove anni, che indossava una cintura imbottita di cartucce.

Hal byl mladý muž, možná devatenáctiletý, s opaskem plným nábojů.

Nella cintura erano contenuti un grosso revolver e un coltello da caccia, entrambi inutilizzati.

Na opasku byl velký revolver a lovecký nůž, obojí nepoužité.

Dimostrava quanto fosse inesperto e inadatto alla vita nel Nord.

Ukazovalo to, jak nezkušený a nezpůsobilý byl pro život na severu.

Nessuno dei due uomini viveva in natura; la loro presenza sfidava ogni ragionevolezza.

Ani jeden z nich nepatřil do divočiny; jejich přítomnost se vzpírala veškerému rozumu.

Buck osservava lo scambio di denaro tra l'acquirente e l'agente.

Buck sledoval, jak si kupující a agent vyměňují peníze.

Sapeva che i conducenti dei treni postali stavano abbandonando la sua vita come tutti gli altri.

Věděl, že strojvedoucí poštovních vlaků opouštějí jeho život stejně jako všichni ostatní.

Seguirono Perrault e François, ormai scomparsi.

Sledovali Perraulta a Françoise, kteří už nebyli k nezapamatování.

Buck e la squadra vennero condotti al disordinato accampamento dei loro nuovi proprietari.

Buck a tým byli odvedeni do nedbale zanedbaného tábora jejich nových majitelů.

La tenda cedeva, i piatti erano sporchi e tutto era in disordine.

Stan se prohýbal, nádobí bylo špinavé a všechno leželo v nepořádku.

Anche Buck notò una donna lì: Mercedes, moglie di Charles e sorella di Hal.

Buck si tam také všiml ženy – Mercedes, Charlesovy manželky a Halovy sestry.

Formavano una famiglia completa, anche se erano tutt'altro che adatti al sentiero.

Tvořili kompletní rodinu, i když zdaleka nebyli vhodní na stezku.

Buck osservava nervosamente mentre il trio iniziava a impacchettare le provviste.

Buck nervózně sledoval, jak trojice začíná balit zásoby.

Lavoravano duro ma senza ordine, solo confusione e sforzi sprecati.

Pracovali tvrdě, ale bez řádu – jen povyk a zbytečné úsilí.

La tenda era arrotolata fino a formare una sagoma ingombrante, decisamente troppo grande per la slitta.

Stan byl srolovaný do objemného tvaru, příliš velký pro saně.

I piatti sporchi venivano imballati senza essere stati né lavati né asciugati.

Špinavé nádobí bylo zabalené, aniž by bylo umyté nebo osušené.

Mercedes svolazzava in giro, parlando, correggendo e intromettendosi in continuazione.

Mercedes pobíhala sem a tam, neustále mluvila, opravovala a vměšovala se do dění.

Quando le misero un sacco davanti, lei insistette perché lo mettesse dietro.

Když byl pytel položen dopředu, trvala na tom, aby šel dozadu.

Mise il sacco in fondo e un attimo dopo ne ebbe bisogno.

Sbalila pytel na dno a v příštím okamžiku ho potřebovala.

Quindi la slitta venne disimballata di nuovo per raggiungere quella specifica borsa.

Takže sáně byly znovu vybaleny, aby se dostaly k té jedné konkrétní tašce.

Lì vicino, tre uomini stavano fuori da una tenda e osservavano la scena che si svolgeva.

Nedaleko stáli tři muži před stanem a sledovali, co se děje.

Sorrisero, ammiccarono e sogghignarono di fronte all'evidente confusione dei nuovi arrivati.

Usmívali se, mrkali a šklebili se nad zjevným zmatkem nově příchozích.

"Hai già un carico parecchio pesante", disse uno degli uomini.

„Už teď máš pořádný náklad," řekl jeden z mužů.

"Non credo che dovresti portare quella tenda, ma la scelta è tua."

„Myslím, že bys ten stan neměl/a nosit, ale je to tvoje volba."

"Impensabile!" esclamò Mercedes, alzando le mani in segno di disperazione.

„Nevídané!" zvolala Mercedes a zoufale rozhodila rukama.

"Come potrei viaggiare senza una tenda sotto cui dormire?"

„Jak bych mohl cestovat bez stanu, pod kterým bych mohl zůstat?"

«È primavera, non vedrai più il freddo», rispose l'uomo.

„Je jaro – už tu neuvidíte chladné počasí," odpověděl muž.

Ma lei scosse la testa e loro continuarono ad accumulare oggetti sulla slitta.

Ale zavrtěla hlavou a oni dál hromadili věci na saně.

Il carico era pericolosamente alto mentre aggiungevano gli ultimi oggetti.

Náklad se nebezpečně tyčil vysoko, když přidávali poslední věci.

"Pensi che la slitta andrà avanti?" chiese uno degli uomini con aria scettica.

„Myslíš, že sáně pojedou?" zeptal se jeden z mužů se skeptickým pohledem.

"E perché non dovrebbe?" ribatté Charles con netto fastidio.

„Proč by ne?" odsekl Charles s ostrou podrážděností.

"Oh, va bene", disse rapidamente l'uomo, evitando di offendersi.

„Ale to je v pořádku," řekl muž rychle a couvl, aby se vyhnul urážce.

"Mi chiedevo solo: mi sembrava un po' troppo pesante nella parte superiore."

„Jen jsem se divil – připadalo mi to trochu moc těžké nahoře."

Charles si voltò e legò il carico meglio che poté.

Karel se odvrátil a uvázal náklad, jak nejlépe uměl.

Ma le legature erano allentate e l'imballaggio nel complesso era fatto male.

Ale úvazy byly volné a celkově špatně zabalené.

"Certo, i cani tireranno così tutto il giorno", disse sarcasticamente un altro uomo.

„Jasně, psi to budou tahat celý den," řekl sarkasticky další muž.

«Certamente», rispose Hal freddamente, afferrando il lungo timone della slitta.

„Samozřejmě," odpověděl Hal chladně a chytil se dlouhé tyče saní.

Tenendo una mano sul palo, faceva roteare la frusta nell'altra.

S jednou rukou na tyči se držel biče v druhé.

"Andiamo!" urlò. "Muovetevi!", incitando i cani a partire.

„Jdeme!" křičel. „Hněte se!" pobízel psy, aby se rozjeli.

I cani si appoggiarono all'imbracatura e si sforzarono per qualche istante.

Psi se opřeli do postroje a chvíli se napínali.

Poi si fermarono, incapaci di spostare di un centimetro la slitta sovraccarica.

Pak se zastavili, neschopní pohnout s přetíženými saněmi ani o píď.

"Quei fannulloni!" urlò Hal, alzando la frusta per colpirli.

„Líní bestie!" zařval Hal a zvedl bič, aby je udeřil.

Ma Mercedes si precipitò dentro e strappò la frusta dalle mani di Hal.

Ale Mercedes vběhla dovnitř a vytrhla Halovi bič z rukou.

«Oh, Hal, non osare far loro del male», gridò allarmata.

„Ach, Hale, neopovažuj se jim ublížit!" zvolala vyděšeně.

"Promettimi che sarai gentile con loro, altrimenti non farò un altro passo."

„Slib mi, že k nim budeš laskavý, nebo neudělám ani krok."

"Non sai niente di cani", scattò Hal contro la sorella.

„O psech nevíš vůbec nic," odsekl Hal na sestru.

"Sono pigri e l'unico modo per smuoverli è frustarli."

„Jsou líní a jediný způsob, jak je pohnout, je zbičovat je."

"Chiedi a chiunque, chiedi a uno di quegli uomini laggiù se dubiti di me."

„Zeptejte se kohokoli – zeptejte se jednoho z těch mužů támhle, pokud o mně pochybujete."

Mercedes guardò gli astanti con occhi imploranti e pieni di lacrime.

Mercedes se na přihlížející dívala prosebnýma, uplakanýma očima.

Il suo viso rivelava quanto odiasse la vista di qualsiasi dolore.

Její tvář prozrazovala, jak hluboce nenáviděla pohled na jakoukoli bolest.

"Sono deboli, tutto qui", ha detto un uomo. "Sono sfiniti."

„Jsou slabí, to je vše," řekl jeden muž. „Jsou vyčerpaní."

"Hanno bisogno di riposare: hanno lavorato troppo e lungo senza una pausa."

„Potřebují odpočinek – byli příliš dlouho unavení bez přestávky."

«Che il resto sia maledetto», borbottò Hal arricciando il labbro.

„Zbytek ať je prokletý," zamumlal Hal se zkřiveným rtem.

Mercedes sussultò, visibilmente addolorata per le parole volgari pronunciate da lui.

Mercedes zalapala po dechu, zjevně ji jeho hrubé slovo bolelo.

Ciononostante, lei rimase leale e difese immediatamente il fratello.

Přesto zůstala věrná a okamžitě se postavila na obranu svého bratra.

"Non badare a quell'uomo", disse ad Hal. "Sono i nostri cani."

„Nevšímej si toho chlapa," řekla Halovi. „Jsou to naši psi."

"Li guidi come meglio credi: fai ciò che ritieni giusto."

„Řídíš je, jak uznáš za vhodné – dělej, co považuješ za správné."

Hal sollevò la frusta e colpì di nuovo i cani senza pietà.

Hal zvedl bič a znovu bez milosti udeřil psy.

Si lanciarono in avanti, con i corpi bassi e i piedi che affondavano nella neve.

Vrhli se vpřed, těla nízko, nohy zabořené do sněhu.

Tutta la loro forza era concentrata nel traino, ma la slitta non si muoveva.

Všechna jejich síla šla do tahu, ale sáně se nehýbaly.

La slitta rimase bloccata, come un'ancora congelata nella neve compatta.

Sáně zůstaly zaseknuté jako kotva zamrzlá v udusaném sněhu.

Dopo un secondo tentativo, i cani si fermarono di nuovo, ansimando forte.

Po druhém pokusu se psi znovu zastavili a těžce lapali po dechu.

Hal sollevò di nuovo la frusta, proprio mentre Mercedes interferiva di nuovo.

Hal znovu zvedl bič, právě když Mercedes znovu zasáhla.

Si lasciò cadere in ginocchio davanti a Buck e gli abbracciò il collo.

Klesla na kolena před Bucka a objala ho kolem krku.

Le lacrime le riempivano gli occhi mentre implorava il cane esausto.

Slzy se jí zalily do očí, když prosila vyčerpaného psa.

"Poveri cari", disse, "perché non tirate più forte?"

„Vy chudáci," řekla, „proč prostě nezatáhnete silněji?"

"Se tiri, non verrai frustato così."

„Když budeš tahat, tak tě takhle zbičovat nebudou."

A Buck non piaceva Mercedes, ma ormai era troppo stanco per resisterle.

Buck neměl Mercedes rád, ale teď byl příliš unavený, aby jí odolal.

Lui accettò le sue lacrime come se fossero solo un'altra parte di quella giornata miserabile.

Přijal její slzy jen jako další součást ubohého dne.

Uno degli uomini che osservavano, dopo aver represso la rabbia, finalmente parlò.

Jeden z přihlížejících mužů konečně promluvil, poté co potlačil hněv.

"Non mi interessa cosa succede a voi, ma quei cani sono importanti."

„Je mi jedno, co se s vámi stane, ale na těch psech záleží."

"Se vuoi aiutare, stacca quella slitta: è ghiacciata e innevata."

„Jestli chceš pomoct, uvolni ty sáně – jsou zmrzlé ke sněhu."

"Spingi con forza il palo della luce, a destra e a sinistra, e rompi il sigillo di ghiaccio."

„Zatlačte silně na výstužnou tyč, doprava i doleva, a prolomte ledovou pečeť."

Fu fatto un terzo tentativo, questa volta seguendo il suggerimento dell'uomo.

Byl proveden třetí pokus, tentokrát na mužův návrh.

Hal fece oscillare la slitta da una parte all'altra, facendo staccare i pattini.

Hal houpal saněmi ze strany na stranu a uvolňoval je.

La slitta, benché sovraccarica e scomoda, alla fine sobbalzò in avanti.

Sáně, ačkoli přetížené a neohrabané, se konečně s trhnutím vymrštily vpřed.

Buck e gli altri tirarono selvaggiamente, spinti da una tempesta di frustate.

Buck a ostatní divoce táhli, poháněni záplavou ran bičem.

Un centinaio di metri più avanti, il sentiero curvava e scendeva in pendenza verso la strada.

Sto metrů před nimi se stezka stáčela a svažovala do ulice.

Ci sarebbe voluto un guidatore esperto per tenere la slitta in posizione verticale.

Bude potřeba zkušeného řidiče, aby sáně udržel ve vzpřímené poloze.

Hal non era abile e la slitta si ribaltò mentre svoltava.

Hal nebyl zručný a sáně se při prudkém otáčení v zatáčce převrátily.

Le cinghie allentate cedettero e metà del carico si rovesciò sulla neve.

Uvolněné popruhy povolily a polovina nákladu se vysypala na sníh.

I cani non si fermarono; la slitta più leggera continuò a procedere su un fianco.

Psi se nezastavili; lehčí sáně letěly na boku.

I cani, furiosi per i maltrattamenti e per il peso del carico, corsero più veloci.

Rozzlobení týráním a těžkým břemenem běželi psi rychleji.

Buck, infuriato, si lanciò a correre, seguito dalla squadra.

Buck se v rozzuření rozběhl a tým ho následoval.

Hal urlò "Whoa! Whoa!" ma la squadra non gli prestò attenzione.

Hal křičel „No páni! No páni!", ale tým si ho nevšímal.

Inciampò, cadde e fu trascinato a terra dall'imbracatura.

Zakopl, upadl a postroj ho táhl po zemi.

La slitta rovesciata lo travolse mentre i cani continuavano a correre avanti.

Převrácené sáně ho převalily, zatímco psi spěchali vpřed.

Il resto delle provviste è sparso lungo la trafficata strada di Skaguay.

Zbytek zásob se rozprchl po rušné ulici ve Skaguayi.

Le persone di buon cuore si precipitarono a fermare i cani e a raccogliere l'attrezzatura.

Dobrosrdeční lidé se vrhli zastavit psy a shromažďovat vybavení.

Diedero anche consigli schietti e pratici ai nuovi viaggiatori.

Také novým cestovatelům dávali rady, přímočaré a praktické.

"Se vuoi raggiungere Dawson, prendi metà del carico e raddoppia i cani."

„Jestli se chceš dostat do Dawsonu, vezmi si polovinu nákladu a dvojnásobný počet psů."

Hal, Charles e Mercedes ascoltarono, anche se non con entusiasmo.

Hal, Charles a Mercedes naslouchali, i když ne s nadšením.

Montarono la tenda e cominciarono a sistemare le loro provviste.

Postavili si stan a začali třídit své zásoby.

Ne uscirono dei cibi in scatola, che fecero ridere a crepapelle gli astanti.

Vyšly konzervy, které přihlížející rozesmály nahlas.

"Roba in scatola sul sentiero? Morirai di fame prima che si sciolga", disse uno.

„Konzervy na stezce? Než se rozpustí, tak umřeš hlady," řekl jeden.

"Coperte d'albergo? Meglio buttarle via tutte."

„Hotelové deky? Raději je všechny vyhoďte."

"Togli anche la tenda e qui nessuno laverà più i piatti."

„Když tu taky vyhodíš stan, nikdo tu nemyje nádobí."

"Pensi di viaggiare su un treno Pullman con dei servitori a bordo?"

„Myslíš si, že jedeš pullmanovským vlakem se služebnictvem na palubě?"

Il processo ebbe inizio: ogni oggetto inutile venne gettato da parte.

Proces začal – každá nepotřebná věc byla odhozena stranou.

Mercedes pianse quando le sue borse furono svuotate sul terreno innevato.

Mercedes plakala, když jí vysypali zavazadla na zasněženou zem.

Singhiozzava per ogni oggetto buttato via, uno per uno, senza sosta.

Vzlykala nad každou vyhozenou věcí, jednu po druhé bez přestávky.

Giurò di non fare un altro passo, nemmeno per dieci Charles.

Přísahala, že neudělá ani krok – ani za deset Charlesů.

Pregò ogni persona vicina di lasciarle conservare le sue cose preziose.

Prosila každého, kdo byl poblíž, aby jí dovolil si ponechat její cenné věci.

Alla fine si asciugò gli occhi e cominciò a gettare via anche i vestiti più importanti.

Nakonec si otřela oči a začala shazovat i to nejdůležitější oblečení.

Una volta terminato il suo, cominciò a svuotare le scorte degli uomini.

Když skončila se svými, začala vyprazdňovat zásoby mužů.

Come un turbine, fece a pezzi gli effetti personali di Charles e Hal.

Jako vichřice se prohnala věcmi Charlese a Hala.

Sebbene il carico fosse dimezzato, era comunque molto più pesante del necessario.

I když se náklad snížil na polovinu, stále byl mnohem těžší, než bylo potřeba.

Quella notte, Charles e Hal uscirono e comprarono sei nuovi cani.

Té noci si Charles a Hal koupili šest nových psů.

Questi nuovi cani si unirono ai sei originali, più Teek e Koona.

Tito noví psi se připojili k původní šesti, plus Teek a Koona.

Insieme formarono una squadra di quattordici cani attaccati alla slitta.

Společně tvořili spřežení čtrnácti psů zapřažených do saní.

Ma i nuovi cani erano inadatti e poco addestrati per il lavoro con la slitta.

Ale noví psi byli nezpůsobilí a špatně vycvičení pro práci se saněmi.

Tre dei cani erano cani da caccia a pelo corto, mentre uno era un Terranova.

Tři psi byli krátkosrstí ohaři a jeden byl novofundlanďan.

Gli ultimi due cani erano meticci senza alcuna razza o scopo ben definito.

Poslední dva psi byli mutanti bez jasné rasy ani účelu.

Non capivano il percorso e non lo imparavano in fretta.

Nerozuměli té stezce a nenaučili se ji rychle.

Buck e i suoi compagni li osservavano con disprezzo e profonda irritazione.

Buck a jeho kamarádi je pozorovali s opovržením a hlubokým podrážděním.

Sebbene Buck insegnasse loro cosa non fare, non poteva insegnare loro il dovere.

Ačkoli je Buck naučil, co se nemá dělat, nemohl je naučit povinnosti.

Non amavano la vita sui sentieri né la trazione delle redini e delle slitte.

Nesnášeli dobře jízdu na vlečce ani tah otěží a saní.

Soltanto i bastardi cercarono di adattarsi, e anche a loro mancava lo spirito combattivo.

Pouze kříženci se snažili přizpůsobit, a i těm chyběla bojovnost.

Gli altri cani erano confusi, indeboliti e distrutti dalla loro nuova vita.

Ostatní psi byli svým novým životem zmatení, oslabení a zlomení.

Con i nuovi cani all'oscuro e i vecchi esausti, la speranza era flebile.

S novými psy bezradnými a starými vyčerpanými byla naděje mizivá.

La squadra di Buck aveva percorso duemilacinquecento miglia di sentiero accidentato.

Buckův tým urazil dvacet pět set mil náročné stezky.

Ciononostante, i due uomini erano allegri e orgogliosi della loro grande squadra di cani.

Přesto byli oba muži veselí a hrdí na svůj velký psí tým.

Pensavano di viaggiare con stile, con quattordici cani al seguito.

Mysleli si, že cestují stylově, se čtrnácti zavázanými psy.

Avevano visto delle slitte partire per Dawson e altre arrivarne.

Viděli saně odjíždět do Dawsonu a další odtud přijíždět.

Ma non ne avevano mai vista una trainata da ben quattordici cani.

Ale nikdy neviděli takový, tažený až čtrnácti psy.

C'era un motivo per cui squadre del genere erano rare nelle terre selvagge dell'Artico.

Existoval důvod, proč byly takové týmy v arktické divočině vzácné.

Nessuna slitta poteva trasportare cibo sufficiente a sfamare quattordici cani per l'intero viaggio.

Žádné sáně by neuvezly dostatek jídla pro čtrnáct psů na celou cestu.

Ma Charles e Hal non lo sapevano: avevano fatto i calcoli.

Ale Charles a Hal to nevěděli – spočítali si to sami.

Hanno pianificato la razione di cibo: una certa quantità per cane, per un certo numero di giorni, fatta.

Naplánovali si jídlo: tolik na psa, tolik dní, hotovo.

Mercedes guardò i numeri e annuì come se avessero senso.

Mercedes se podívala na jejich čísla a přikývla, jako by to dávalo smysl.

Tutto le sembrava molto semplice, almeno sulla carta.

Všechno se jí zdálo velmi jednoduché, alespoň na papíře.

La mattina seguente, Buck guidò lentamente la squadra lungo la strada innevata.

Následujícího rána Buck vedl spřežení pomalu po zasněžené ulici.

Non c'era né energia né spirito in lui e nei cani dietro di lui.

Nebyla v něm ani v psech za ním žádná energie ani duch.

Erano stanchi morti fin dall'inizio: non avevano più riserve.

Od začátku byli k smrti unavení – nezbývala jim žádná rezerva.

Buck aveva già fatto quattro viaggi tra Salt Water e Dawson.

Buck už podnikl čtyři cesty mezi Salt Water a Dawson.

Ora, di fronte alla stessa pista, non provava altro che amarezza.

Teď, když znovu stál tváří v tvář téže stezce, necítil nic než hořkost.

Il suo cuore non c'era, e nemmeno quello degli altri cani.

Nebylo v tom jeho srdce, stejně jako srdce ostatních psů.

I nuovi cani erano timidi e gli husky non si fidavano per niente.

Noví psi byli bázliví a huskyům chyběla veškerá důvěra.

Buck capì che non poteva fare affidamento su quei due uomini o sulla loro sorella.

Buck cítil, že se na tyto dva muže ani na jejich sestru nemůže spolehnout.

Non sapevano nulla e non mostravano alcun segno di apprendimento lungo il percorso.

Nic nevěděli a na stezce nejevili žádné známky toho, že by se něco učili.

Erano disorganizzati e privi di qualsiasi senso di disciplina.

Byli neorganizovaní a postrádali jakýkoli smysl pro disciplínu.

Ogni volta impiegavano metà della notte per allestire un accampamento malmesso.

Pokaždé jim trvalo půl noci, než si postavili nedbalý tábor.

E metà della mattina successiva la trascorsero di nuovo armeggiando con la slitta.

A půlku dalšího rána strávili opět zápasením se saněmi.

Spesso a mezzogiorno si fermavano solo per sistemare il carico irregolare.

Do poledne se často zastavovali jen proto, aby opravili nerovnoměrný náklad.

In alcuni giorni percorsero meno di dieci miglia in totale.

V některé dny urazili celkem méně než deset mil.

Altri giorni non riuscivano proprio ad abbandonare l'accampamento.

Jiné dny se jim vůbec nepodařilo opustit tábor.

Non sono mai riusciti a coprire la distanza alimentare prevista.

Nikdy se ani zdaleka nepřiblížili plánované vzdálenosti pro udržení potravy.

Come previsto, il cibo per i cani finì molto presto.

Jak se dalo očekávat, jídlo pro psy jim došlo velmi rychle.

Nei primi tempi hanno peggiorato ulteriormente la situazione con l'eccesso di cibo.

V prvních dnech situaci ještě zhoršili tím, že je překrmovali.

Ciò rendeva la carestia sempre più vicina, con ogni razione disattenta.

To s každým nedbale vyčerpaným přídělem přibližovalo hlad.

I nuovi cani non avevano ancora imparato a sopravvivere con molto poco.

Noví psi se nenaučili přežít s málem.

Mangiarono avidamente, con un appetito troppo grande per il sentiero.

Jedli hladově, s chutí k jídlu příliš velkou na to, aby zvládli stezku.

Vedendo i cani indebolirsi, Hal pensò che il cibo non fosse sufficiente.

Když Hal viděl, jak psi slábnou, uvěřil, že jídlo nestačí.

Raddoppiò le razioni, peggiorando ulteriormente l'errore.

Zdvojnásobil dávky, čímž chybu ještě zhoršil.

Mercedes aggravò il problema con le sue lacrime e le sue suppliche sommesse.

Mercedes k problému přidala slzy a tiché prosby.

Quando non riuscì a convincere Hal, diede da mangiare ai cani di nascosto.

Když nedokázala Hala přesvědčit, tajně nakrmila psy.

Rubò il pesce dai sacchi e glielo diede alle spalle.

Ukradla z pytlů s rybami a dala jim je za jeho zády.

Ma ciò di cui i cani avevano veramente bisogno non era altro cibo: era riposo.

Ale psi doopravdy nepotřebovali více jídla – byl to odpočinek.
Nonostante la loro scarsa velocità, la pesante slitta continuava a procedere.
Jeli špatným časem, ale těžké saně se stále vlekly.
Quel peso da solo esauriva ogni giorno le loro forze rimanenti.
Už jen ta tíha jim každý den vysávala zbývající síly.
Poi arrivò la fase della sottoalimentazione, quando le scorte scarseggiavano.
Pak přišla fáze podvýživy, protože zásoby docházely.
Una mattina Hal si accorse che metà del cibo per cani era già finito.
Hal si jednoho rána uvědomil, že polovina psího krmiva už je pryč.
Avevano percorso solo un quarto della distanza totale del sentiero.
Ušli jen čtvrtinu celkové vzdálenosti stezky.
Non si poteva più comprare cibo, a qualunque prezzo.
Už se nedalo koupit žádné další jídlo, bez ohledu na to, jaká byla nabídnuta cena.
Ridusse le porzioni dei cani al di sotto della razione giornaliera standard.
Snížil porce psů pod standardní denní dávku.
Allo stesso tempo, chiese di viaggiare più a lungo per compensare la perdita.
Zároveň požadoval delší cestování, aby ztrátu vynahradil.
Mercedes e Charles appoggiarono questo piano, ma fallirono nella sua realizzazione.
Mercedes a Charles tento plán podpořili, ale neuskutečnili ho.
La loro pesante slitta e la mancanza di abilità rendevano il progresso quasi impossibile.
Jejich těžké saně a nedostatek dovedností téměř znemožňovaly postup.
Era facile dare meno cibo, ma impossibile forzare uno sforzo maggiore.
Bylo snadné dávat méně jídla, ale nemožné vynutit si větší úsilí.

Non potevano partire prima, né viaggiare per ore extra.

Nemohli začít brzy, ani nemohli cestovat přesčas.

Non sapevano come gestire i cani, e nemmeno loro stessi, a dire il vero.

Nevěděli, jak zacházet se psy, a vlastně ani sami se sebou.

Il primo cane a morire fu Dub, lo sfortunato ma laborioso ladro.

Prvním psem, který zemřel, byl Dub, nešťastný, ale pracovitý zloděj.

Sebbene spesso punito, Dub aveva fatto la sua parte senza lamentarsi.

Ačkoliv Dub byl často trestán, zvládal svou práci bez stížností.

La sua spalla ferita peggiorò se non ricevette cure adeguate e non ebbe bisogno di riposo.

Jeho zraněné rameno se bez péče a potřeby odpočinku zhoršovalo.

Alla fine, Hal usò la pistola per porre fine alle sofferenze di Dub.

Nakonec Hal použil revolver k ukončení Dubova utrpení.

Un detto comune afferma che i cani normali muoiono se vengono nutriti con razioni di husky.

Běžné rčení tvrdilo, že normální psi umírají na krmné dávce pro huskyho.

I sei nuovi compagni di Buck avevano ricevuto solo metà della quota di cibo riservata all'husky.

Buckových šest nových společníků mělo jen poloviční podíl jídla, který husky dostává.

Il Terranova morì per primo, seguito dai tre cani da caccia a pelo corto.

Nejdříve uhynul novofundlanďan a poté tři krátkosrstí ohaři.

I due bastardi resistettero più a lungo ma alla fine morirono come gli altri.

Dva kříženci se držely déle, ale nakonec zahynuli stejně jako ostatní.

Ormai tutti i comfort e la gentilezza del Southland erano scomparsi.

V této době už veškeré vybavení a laskavost Jihu byly pryč.

Le tre persone avevano perso le ultime tracce della loro educazione civile.

Ti tři lidé se zbavili posledních stop své civilizované výchovy.

Spogliato di glamour e romanticismo, il viaggio nell'Artico è diventato brutalmente reale.

Zbavené lesku a romantiky se cestování po Arktidě stalo brutálně skutečným.

Era una realtà troppo dura per il loro senso di virilità e femminilità.

Byla to realita příliš drsná pro jejich smysl pro mužství a ženství.

Mercedes non piangeva più per i cani, ma piangeva solo per se stessa.

Mercedes už neplakala pro psy, ale teď plakala jen pro sebe.

Trascorreva il tempo piangendo e litigando con Hal e Charles.

Trávila čas pláčem a hádkami s Halem a Charlesem.

Litigare era l'unica cosa per cui non si stancavano mai.

Hádky byly jedinou věcí, na kterou nikdy nebyli příliš unavení.

La loro irritabilità derivava dalla miseria, cresceva con essa e la superava.

Jejich podrážděnost pramenila z bídy, rostla s ní a překonala ji.

La pazienza del cammino, nota a coloro che faticano e soffrono con generosità, non è mai arrivata.

Trpělivost na cestě, známá těm, kdo dřou a trpí s laskavostí, se nikdy nedostavila.

Quella pazienza che rende dolce la parola nonostante il dolore, era a loro sconosciuta.

Tato trpělivost, která udržuje řeč sladkou i přes bolest, jim byla neznámá.

Non avevano alcun briciolo di pazienza, nessuna forza derivante dalla sofferenza con grazia.

Neměli ani špetku trpělivosti, žádnou sílu čerpanou z utrpení s grácií.

Erano irrigiditi dal dolore: dolori nei muscoli, nelle ossa e nel cuore.

Byli ztuhlí bolestí – bolely je svaly, kosti a srdce.

Per questo motivo, divennero taglienti nella lingua e pronti a pronunciare parole dure.

Kvůli tomu se stali ostrými na jazyk a rychlými v drsných slovech.

Ogni giorno iniziava e finiva con voci arrabbiate e lamentele amare.

Každý den začínal a končil rozzlobenými hlasy a hořkými stížnostmi.

Charles e Hal litigavano ogni volta che Mercedes ne dava loro l'occasione.

Charles a Hal se hádali, kdykoli jim Mercedes dala šanci.

Ogni uomo credeva di aver fatto più del dovuto.

Každý muž věřil, že odvedl více práce, než mu náleží.

Nessuno dei due ha mai perso l'occasione di dirlo, ancora e ancora.

Ani jeden z nich nikdy nepromeškal příležitost to říct, znovu a znovu.

A volte Mercedes si schierava con Charles, a volte con Hal.

Někdy se Mercedes postavila na stranu Charlese, jindy na stranu Hala.

Ciò portò a una grande e infinita lite tra i tre.

To vedlo k velké a nekonečné hádce mezi těmi třemi.

La disputa su chi dovesse tagliare la legna da ardere divenne incontrollabile.

Spor o to, kdo by měl kácet dříví, se vymkl kontrole.

Ben presto vennero nominati padri, madri, cugini e parenti defunti.

Brzy byli jmenováni otcové, matky, bratranci a sestřenice a zemřelí příbuzní.

Le opinioni di Hal sull'arte o sulle opere teatrali di suo zio divennero parte della lotta.

Součástí boje se staly Halovy názory na umění nebo hry jeho strýce.

Anche le convinzioni politiche di Carlo entrarono nel dibattito.

Do debaty vstoupily i Charlesovy politické přesvědčení.

Per Mercedes, perfino i pettegolezzi della sorella del marito sembravano rilevanti.

Mercedes se dokonce i drby sestry jejího manžela zdály relevantní.

Espresse la sua opinione su questo e su molti dei difetti della famiglia di Charles.

Vyjádřila své názory na to a na mnoho nedostatků Charlesovy rodiny.

Mentre discutevano, il fuoco rimase spento e l'accampamento mezzo allestito.

Zatímco se hádali, oheň zůstal nezapálený a tábor napůl zapálený.

Nel frattempo i cani erano rimasti infreddoliti e senza cibo.

Mezitím psi zůstali v chladu a bez jídla.

Mercedes nutriva un risentimento che considerava profondamente personale.

Mercedes měla k něčemu křivdu, kterou považovala za hluboce osobní.

Si sentiva maltrattata in quanto donna e le venivano negati i suoi gentili privilegi.

Cítila se špatně zacházeno jako žena, byla jí odepřena její privilegia.

Era carina e gentile, e per tutta la vita era stata abituata alla cavalleria.

Byla hezká a něžná a celý život zvyklá na rytířství.

Ma suo marito e suo fratello ora la trattavano con impazienza.

Ale její manžel a bratr se k ní nyní chovali netrpělivě.

Aveva l'abitudine di comportarsi in modo impotente e loro cominciarono a lamentarsi.

Měla ve zvyku chovat se bezmocně a oni si začali stěžovat.

Offesa da ciò, rese loro la vita ancora più difficile.

Uražená tím jim o to víc ztížila život.

Ignorò i cani e insistette per guidare lei stessa la slitta.

Ignorovala psy a trvala na tom, že se na saních sveze sama.

Sebbene sembrasse esile, pesava centoventi libbre (circa quaranta chili).

Ačkoli byla lehká, vážila sto dvacet liber.

Quel peso aggiuntivo era troppo per i cani affamati e deboli.

Ta dodatečná zátěž byla pro hladovějící a slabé psy příliš velká.

Nonostante ciò, continuò a cavalcare per giorni, finché i cani non crollarono nelle redini.

Přesto jela celé dny, dokud se psi nezhroutili pod otěžemi.

La slitta si fermò e Charles e Hal la implorarono di proseguire a piedi.

Sáně se zastavily a Charles s Halem ji prosili, aby šla pěšky.

Loro la implorarono e la scongiurarono, ma lei pianse e li definì crudeli.

Prosili a úpěnlivě žádali, ale ona plakala a nazývala je krutými.

In un'occasione, la tirarono giù dalla slitta con pura forza e rabbia.

Jednou ji s velkou silou a vztekem stáhli ze saní.

Dopo quello che accadde quella volta non ci riprovarono più.

Po tom, co se tehdy stalo, to už nikdy nezkusili.

Si accasciò come una bambina viziata e si sedette nella neve.

Ochabla jako rozmazlené dítě a sedla si do sněhu.

Continuarono a muoversi, ma lei si rifiutò di alzarsi o di seguirli.

Pokračovali dál, ale ona odmítla vstát nebo je následovat.

Dopo tre miglia si fermarono, tornarono indietro e la riportarono indietro.

Po třech mílích se zastavili, vrátili se a odnesli ji zpět.

La ricaricarono sulla slitta, usando ancora una volta la forza bruta.

Znovu ji naložili na saně, opět s použitím hrubé síly.

Nella loro profonda miseria, erano insensibili alla sofferenza dei cani.

Ve svém hlubokém neštěstí byli k utrpení psů bezcitní.

Hal credeva che fosse necessario indurirsi e impose questa convinzione agli altri.

Hal věřil, že člověk se musí zatvrdit, a vnucoval tuto víru ostatním.

Inizialmente ha cercato di predicare la sua filosofia a sua sorella

Nejprve se pokusil kázat svou filozofii své sestře

e poi, senza successo, predicò al cognato.

a pak bez úspěchu kázal svému švagrovi.

Ebbe più successo con i cani, ma solo perché li ferì.

S psy měl větší úspěch, ale jen proto, že jim ubližoval.

Da Five Fingers, il cibo per cani è rimasto completamente vuoto.

V obchodě Five Fingers došlo krmivo pro psy úplně.

Una vecchia squaw sdentata vendette qualche chilo di pelle di cavallo congelata

Bezzubá stará žena prodala pár liber zmrzlé koňské kůže

Hal scambiò la sua pistola con la pelle di cavallo secca.

Hal vyměnil revolver za sušenou koňskou kůži.

La carne proveniva dai cavalli affamati di allevatori di bovini, morti mesi prima.

Maso pocházelo od vyhladovělých koní chovatelů dobytka před měsíci.

Congelata, la pelle era come ferro zincato: dura e immangiabile.

Zmrzlá kůže byla jako pozinkované železo; tuhá a nepoživatelná.

Per riuscire a mangiarla, i cani dovevano masticare la pelle senza sosta.

Psi museli kůži donekonečna okusovat, aby ji snědli.

Ma le corde coriacee e i peli corti non erano certo un nutrimento.

Ale kožené vlákna a krátké vlasy sotva mohly být potravou.

La maggior parte della pelle era irritante e non era cibo in senso stretto.

Většina kůže byla dráždivá a v pravém slova smyslu to nebylo jídlo.

E nonostante tutto, Buck barcollava davanti a tutti, come in un incubo.

A během toho všeho se Buck vpředu potácel jako v noční můře.

Quando poteva, tirava; quando non poteva, restava lì finché non veniva sollevato dalla frusta o dal bastone.

Kdykoli mohl, táhl; když ne, ležel, dokud ho bič nebo kyj nezvedli.

Il suo pelo fine e lucido aveva perso tutta la rigidità e la lucentezza di un tempo.

Jeho jemná, lesklá srst ztratila veškerou tuhost a lesk, které kdysi měla.

I suoi capelli erano flosci, spettinati e pieni di sangue rappreso a causa dei colpi.

Vlasy mu visely zplihlé, rozcuchané a sražené zaschlou krví z úderů.

I suoi muscoli si ridussero a midolli e i cuscinetti di carne erano tutti consumati.

Jeho svaly se scvrkly na provazce a jeho kožní polštářky byly všechny odřené.

Ogni costola, ogni osso erano chiaramente visibili attraverso le pieghe della pelle rugosa.

Každé žebro, každá kost jasně vykukovala skrz záhyby vrásčité kůže.

Fu straziante, ma il cuore di Buck non riuscì a spezzarsi.

Bylo to srdcervoucí, ale Buckovi se srdce zlomit nemohlo.

L'uomo con il maglione rosso lo aveva testato e dimostrato molto tempo prima.

Muž v červeném svetru si to už dávno vyzkoušel a dokázal.

Così come accadde a Buck, accadde anche a tutti i suoi compagni di squadra rimasti.

Stejně jako to bylo s Buckem, tak to bylo i se všemi jeho zbývajícími spoluhráči.

Ce n'erano sette in totale, ognuno uno scheletro ambulante di miseria.

Bylo jich celkem sedm, každý z nich byl chodící kostrou utrpení.

Erano diventati insensibili alle fruste e sentivano solo un dolore distante.

Ztuhli k úderům bičem a cítili jen vzdálenou bolest.

Anche la vista e i suoni li raggiungevano debolmente, come attraverso una fitta nebbia.

Dokonce i zrak a zvuk k nim doléhaly slabě, jako by skrz hustou mlhu.

Non erano mezzi vivi: erano ossa con deboli scintille al loro interno.

Nebyly napůl živé – byly to kosti s matnými jiskrami uvnitř.

Una volta fermati, crollarono come cadaveri, con le scintille quasi del tutto spente.

Když se zastavili, zhroutili se jako mrtvoly, jejich jiskry téměř vyhasly.

E quando la frusta o il bastone colpivano di nuovo, le scintille sfarfallavano debolmente.

A když bič nebo kyj udeřil znovu, jiskry slabě zachvěly.

Poi si alzarono, barcollarono in avanti e trascinarono le loro membra in avanti.

Pak se zvedli, potáceli se vpřed a táhli končetiny vpřed.

Un giorno il gentile Billee cadde e non riuscì più a rialzarsi.

Jednoho dne laskavý Billee spadl a už se vůbec nemohl zvednout.

Hal aveva scambiato la sua pistola con quella di Billee, così decise di ucciderla con un'ascia.

Hal vyměnil svůj revolver, a tak místo toho zabil Billeeho sekerou.

Lo colpì alla testa, poi gli tagliò il corpo e lo trascinò via.

Udeřil ho do hlavy, pak mu rozřízl tělo a odtáhl ho pryč.

Buck se ne accorse, e così fecero anche gli altri: sapevano che la morte era vicina.

Buck to viděl a ostatní také; věděli, že smrt je blízko.

Il giorno dopo Koona se ne andò, lasciando solo cinque cani nel gruppo affamato.

Druhý den Koona odešla a v hladovějícím spřežení zůstalo jen pět psů.

Joe, non più cattivo, era ormai troppo fuori di sé per rendersi conto di nulla.

Joe, už ne zlý, byl příliš daleko na to, aby si vůbec něčeho všímal.

Pike, ormai non fingeva più di essere ferito, era appena cosciente.

Pike, který už nepředstíral své zranění, byl sotva při vědomí.

Solleks, ancora fedele, si rammaricava di non avere più la forza di dare.

Solleks, stále věrný, truchlil nad tím, že nemá sílu dát.

Teek fu battuto più di tutti perché era più fresco, ma stava calando rapidamente.

Teek byl nejvíc poražen, protože byl svěžejší, ale rychle slábl.

E Buck, ancora in testa, non mantenne più l'ordine né lo fece rispettare.

A Buck, stále v čele, už neudržoval pořádek ani ho nevymáhal.

Mezzo accecato dalla debolezza, Buck seguì la pista solo a tentoni.

Napůl slepý slabostí Buck šel po stopě jen hmatem.

Era una bellissima primavera, ma nessuno di loro se ne accorse.

Bylo krásné jarní počasí, ale nikdo z nich si toho nevšiml.

Ogni giorno il sole sorgeva prima e tramontava più tardi.

Každý den slunce vycházelo dříve a zapadalo později než předtím.

Alle tre del mattino era già spuntata l'alba; il crepuscolo durò fino alle nove.

Ve tři hodiny ráno se rozednilo; soumrak trval do devíti.

Le lunghe giornate erano illuminate dal sole primaverile.

Dlouhé dny byly naplněny zářivým jarním sluncem.

Il silenzio spettrale dell'inverno si era trasformato in un caldo mormorio.

Přízračné ticho zimy se změnilo v teplý šum.

Tutta la terra si stava svegliando, animata dalla gioia degli esseri viventi.

Celá země se probouzela, ožívala radostí živých tvorů.

Il suono proveniva da ciò che era rimasto morto e immobile per tutto l'inverno.

Zvuk vycházel z toho, co leželo mrtvé a nehybné přes zimu.

Ora quelle cose si mossero di nuovo, scrollandosi di dosso il lungo sonno del gelo.

Teď se ty věci znovu pohnuly a setřásly dlouhý mrazivý spánek.

La linfa saliva attraverso i tronchi scuri dei pini in attesa.

Míza stoupala z tmavých kmenů čekajících borovic.

Salici e pioppi tremuli fanno sbocciare giovani gemme luminose su ogni ramoscello.

Vrby a osiky na každé větvičce raší zářivé mladé pupeny.

Arbusti e viti si tingono di un verde fresco mentre il bosco si anima.

Keře a vinná réva se svěže zazelenaly, jak lesy ožívaly.

Di notte i grilli cantavano e di giorno gli insetti strisciavano nella luce del sole.

V noci štěbetali cvrčci a v denním slunci se hemžil hmyz.

Le pernici gridavano e i picchi picchiavano in profondità tra gli alberi.

Koroptve duněly a datli klepali hluboko ve stromech.

Gli scoiattoli chiacchieravano, gli uccelli cantavano e le oche starnazzavano per richiamare l'attenzione dei cani.

Veverky štěbetaly, ptáci zpívali a husy kvílely nad psy.

Gli uccelli selvatici arrivavano a cunei affilati, volando in alto da sud.

Divoké ptactvo se slétalo v ostrých klínech od jihu.

Da ogni pendio giungeva la musica di ruscelli nascosti e impetuosi.

Z každého svahu se linula hudba skrytých, zurčících potoků.

Tutto si scongelava e si spezzava, si piegava e ricominciava a muoversi.

Všechno rozmrzlo, prasklo, ohnulo se a znovu se dalo do pohybu.

Lo Yukon si sforzò di spezzare le fredde catene del ghiaccio ghiacciato.

Yukon se napínal, aby prolomil chladné řetězy zmrzlého ledu.

Il ghiaccio si scioglieva sotto, mentre il sole lo scioglieva dall'alto.

Led se roztál zespodu, zatímco slunce ho roztápělo shora.

Si aprirono dei buchi, si allargarono delle crepe e dei pezzi caddero nel fiume.

Otevřely se větrací otvory, rozšířily se praskliny a kusy padaly do řeky.

In mezzo a tutta questa vita sfrenata e sfrenata, i viaggiatori barcollavano.

Uprostřed všeho toho kypícího a planoucího života se cestovatelé potáceli.

Due uomini, una donna e un branco di husky camminavano come morti.

Dva muži, žena a smečka huskyů kráčeli jako mrtví.

I cani cadevano, Mercedes piangeva, ma continuava a guidare la slitta.

Psi padali, Mercedes plakala, ale stále jela na saních.

Hal imprecò debolmente e Charles sbatté le palpebre con gli occhi lacrimanti.

Hal slabě zaklel a Charles zamrkal slzavýma očima.

Si imbatterono nell'accampamento di John Thornton, nei pressi della foce del White River.

Narazili na tábor Johna Thorntona u ústí Bílé řeky.

Quando si fermarono, i cani caddero a terra, come se fossero stati tutti colpiti a morte.

Když se zastavili, psi padli na zem, jako by byli všichni zasaženi smrtí.

Mercedes si asciugò le lacrime e guardò John Thornton.

Mercedes si utřela slzy a pohlédla na Johna Thorntona.

Charles si sedette su un tronco, lentamente e rigidamente, dolorante per il sentiero.

Karel seděl na kládě, pomalu a ztuhle, bolelo ho od bolesti z cesty.

Hal parlava mentre Thornton intagliava l'estremità del manico di un'ascia.

Hal mluvil, zatímco Thornton vyřezával konec rukojeti sekery.

Tagliò il legno di betulla e rispose con frasi brevi e decise.

Řezal březové dřevo a odpovídal krátkými, pevnými odpověďmi.

Quando gli veniva chiesto, dava un consiglio, certo che non sarebbe stato seguito.

Když byl požádán, dal radu, ale byl si jistý, že se jí nebude řídit.

Hal spiegò: "Ci avevano detto che il ghiaccio lungo la pista si stava staccando".

Hal vysvětlil: „Řekli nám, že se led na stezce uvolňuje."

"Ci avevano detto che dovevamo restare fermi, ma siamo arrivati a White River."

„Říkali, že máme zůstat tady – ale do White River jsme se dostali."

Concluse con un tono beffardo, come per cantare vittoria nelle difficoltà.

Skončil posměšným tónem, jako by si chtěl prohlásit vítězství v těžkostech.

"E ti hanno detto la verità", rispose John Thornton a bassa voce ad Hal.

„A říkali ti pravdu," odpověděl John Thornton Halovi tiše.

"Il ghiaccio potrebbe cedere da un momento all'altro: è pronto a staccarsi."

„Led může každou chvíli povolit – je připravený odpadnout."

"Solo la fortuna cieca e gli sciocchi avrebbero potuto arrivare vivi fin qui."

„Jen slepé štěstí a blázni se mohli dostat tak daleko přeživší."

"Te lo dico senza mezzi termini: non rischierei la vita per tutto l'oro dell'Alaska."

„Říkám ti rovnou, neriskoval bych život ani za všechno aljašské zlato."

"Immagino che tu non sia uno stupido", rispose Hal.

„To je asi proto, že nejsi hlupák," odpověděl Hal.

"Comunque, andiamo avanti con Dawson." Srotolò la frusta.

„Stejně tak půjdeme do Dawsonu." Rozvinul bič.

"Sali, Buck! Ehi! Alzati! Forza!" urlò con voce roca.

„Vylez nahoru, Bucku! Nazdar! Vstaň! No tak!" křičel drsně.

Thornton continuò a intagliare, sapendo che gli sciocchi non volevano sentire ragioni.

Thornton dál řezbářil, protože věděl, že hlupáci na rozum neposlouchají.

Fermare uno stupido era inutile, e due o tre stupidi non cambiavano nulla.

Zastavit hlupáka bylo marné – a dva nebo tři hlupáci nic nezměnili.

Ma la squadra non si mosse al suono del comando di Hal.

Ale tým se na zvuk Halova rozkazu nepohnul.

Ormai solo i colpi potevano farli sollevare e avanzare.

V tuto chvíli je mohly zvednout a posunout vpřed už jen údery.

La frusta schioccava ripetutamente sui cani indeboliti.

Bič znovu a znovu šlehal po zesláblých psech.

John Thornton strinse forte le labbra e osservò in silenzio.

John Thornton pevně stiskl rty a mlčky se díval.

Solleks fu il primo a rialzarsi sotto la frusta.

Solleks se pod bičem jako první doplazil na nohy.

Poi Teek lo seguì, tremando. Joe urlò mentre barcollava.

Pak ho následoval třesoucí se Teek. Joe vykřikl, když se vyškrábal.

Pike cercò di alzarsi, fallì due volte, poi alla fine si rialzò barcollando.

Pike se pokusil vstát, dvakrát selhal a pak se konečně nejistě postavil.

Ma Buck rimase lì dov'era caduto, senza muoversi affatto.

Ale Buck ležel tam, kde padl, tentokrát se vůbec nehýbal.

La frusta lo colpì più volte, ma lui non emise alcun suono.

Bič ho sekl znovu a znovu, ale on nevydal ani hlásku.

Lui non sussultò né oppose resistenza, rimase semplicemente immobile e in silenzio.

Neuhnul ani se nebránil, prostě zůstal nehybný a tichý.

Thornton si mosse più di una volta, come per dire qualcosa, ma non lo fece.

Thornton se několikrát pohnul, jako by chtěl promluvit, ale neudělal to.

I suoi occhi si inumidirono, ma la frusta continuava a schioccare contro Buck.

Oči mu zvlhly a bič stále práskal do Bucka.

Alla fine Thornton cominciò a camminare lentamente, incerto sul da farsi.

Konečně se Thornton začal pomalu procházet sem a tam, nejistý si, co má dělat.

Era la prima volta che Buck falliva e Hal si infuriò.

Bylo to poprvé, co Buck selhal, a Hal se rozzuřil.

Gettò via la frusta e prese al suo posto il pesante manganello.

Odhodil bič a místo toho zvedl těžký kyj.

La mazza di legno colpì con violenza, ma Buck non si alzò per muoversi.

Dřevěná kyj tvrdě dopadla, ale Buck se stále nezvedl, aby se pohnul.

Come i suoi compagni di squadra, era troppo debole, ma non solo.

Stejně jako jeho spoluhráči byl příliš slabý – ale víc než to.

Buck aveva deciso di non muoversi, qualunque cosa accadesse.

Buck se rozhodl, že se nepohne, ať se stane cokoli.

Sentì qualcosa di oscuro e sicuro incombere proprio davanti a sé.

Cítil, jak se před ním vznáší něco temného a jistého.

Quel terrore lo aveva colto non appena aveva raggiunto la riva del fiume.

Ta hrůza ho zmocnila, jakmile dorazil na břeh řeky.

Quella sensazione non lo aveva abbandonato da quando aveva sentito il ghiaccio assottigliarsi sotto le zampe.

Ten pocit ho neopustil od chvíle, kdy cítil, jak je led pod jeho tlapkami tenký.

Qualcosa di terribile lo stava aspettando: lo sentiva proprio lungo il sentiero.

Čekalo na něj něco hrozného – cítil to hned za ním.

Non avrebbe camminato verso quella cosa terribile davanti a lui

Neměl v úmyslu jít k té hrozné věci před sebou.

Non avrebbe obbedito a nessun ordine che lo avrebbe condotto a quella cosa.
Nehodlán poslechnout žádný rozkaz, který by ho k té věci dovedl.

Ormai il dolore dei colpi non lo sfiorava più: era troppo stanco.
Bolest z ran se ho teď sotva dotýkala – byl už příliš daleko.

La scintilla della vita tremolava lentamente, affievolita da ogni colpo crudele.
Jiskra života slabě mihotala, ztlumená pod každým krutým úderem.

Gli arti gli sembravano distanti; tutto il corpo sembrava appartenere a un altro.
Jeho končetiny se zdály vzdálené; celé jeho tělo jako by patřilo někomu jinému.

Sentì uno strano torpore mentre il dolore scompariva completamente.
Pocítil zvláštní necitlivost, když bolest úplně odezněla.

Da lontano, sentiva che lo stavano picchiando, ma non se ne rendeva conto.
Z dálky cítil, že je bitý, ale sotva si to uvědomoval.

Poteva udire debolmente i tonfi, ma ormai non gli facevano più male.
Slabě slyšel ty dunivé údery, ale už ho doopravdy nebolely.

I colpi andarono a segno, ma il suo corpo non sembrava più il suo.
Údery dopadaly, ale jeho tělo už nepřipadalo jako jeho vlastní.

Poi, all'improvviso, senza alcun preavviso, John Thornton lanciò un grido selvaggio.
Pak náhle, bez varování, John Thornton divokým výkřikem vyrazil.

Era inarticolato, più il grido di una bestia che di un uomo.
Bylo to nesrozumitelné, spíše křik zvířete než člověka.

Si lanciò sull'uomo con la mazza e fece cadere Hal all'indietro.
Skočil na muže s obuškem a srazil Hala dozadu.

Hal volò come se fosse stato colpito da un albero, atterrando pesantemente al suolo.

Hal letěl, jako by ho srazil strom, a tvrdě přistál na zemi.

Mercedes urlò a gran voce in preda al panico e si portò le mani al viso.

Mercedes hlasitě vykřikla panikou a chytila se za obličej.

Charles si limitò a guardare, si asciugò gli occhi e rimase seduto.

Karel se jen díval, otřel si oči a zůstal sedět.

Il suo corpo era troppo irrigidito dal dolore per alzarsi o contribuire alla lotta.

Jeho tělo bylo příliš ztuhlé bolestí, než aby se mohl zvednout nebo pomoci v boji.

Thornton era in piedi davanti a Buck, tremante di rabbia, incapace di parlare.

Thornton stál nad Buckem, třásl se vzteky a nebyl schopen promluvit.

Tremava di rabbia e lottò per trovare la voce.

Třásl se vzteky a snažil se skrz ně najít hlas.

"Se colpisci ancora quel cane, ti uccido", disse infine.

„Jestli toho psa udeříš ještě jednou, zabiju tě," řekl nakonec.

Hal si asciugò il sangue dalla bocca e tornò avanti.

Hal si setřel krev z úst a znovu přistoupil.

"È il mio cane", borbottò. "Togliti di mezzo o ti sistemo io."

„To je můj pes," zamumlal. „Uhni mi z cesty, nebo tě napravím."

"Vado da Dawson e tu non mi fermerai", ha aggiunto.

„Jedu do Dawsonu a ty mě nezastavíš," dodal.

Thornton si fermò tra Buck e il giovane arrabbiato.

Thornton stál pevně mezi Buckem a rozzlobeným mladíkem.

Non aveva alcuna intenzione di farsi da parte o di lasciar passare Hal.

Neměl v úmyslu ustoupit stranou ani nechat Hala projít.

Hal tirò fuori il suo coltello da caccia, lungo e pericoloso nella sua mano.

Hal vytáhl svůj lovecký nůž, dlouhý a nebezpečný v ruce.

Mercedes urlò, poi pianse, poi rise in preda a un'isteria selvaggia.

Mercedes křičela, pak plakala a pak se divoce hystericky smála.

Thornton colpì la mano di Hal con il manico dell'ascia, con forza e rapidità.

Thornton udeřil Hala do ruky násadou sekery, silně a rychle.

Il coltello si liberò dalla presa di Hal e volò a terra.

Nůž Halovi vypadl z rukou a odletěl na zem.

Hal cercò di raccogliere il coltello, ma Thornton gli batté di nuovo le nocche.

Hal se pokusil zvednout nůž a Thornton si znovu zabušil do klouby prstů.

Poi Thornton si chinò, afferrò il coltello e lo tenne fermo.

Pak se Thornton sehnul, popadl nůž a držel ho.

Con due rapidi colpi del manico dell'ascia, tagliò le redini di Buck.

Dvěma rychlými údery rukojetí sekery přeřízl Buckovi otěže.

Hal non aveva più voglia di combattere e si allontanò dal cane.

Hal v sobě nezbývala žádná bojovnost a ustoupil od psa.

Inoltre, ora Mercedes aveva bisogno di entrambe le braccia per restare in piedi.

Kromě toho teď Mercedes potřebovala obě paže, aby se udržela ve vzpřímené poloze.

Buck era troppo vicino alla morte per poter nuovamente tirare la slitta.

Buck byl příliš blízko smrti, než aby mohl znovu táhnout sáně.

Pochi minuti dopo, ripartirono, dirigendosi verso il fiume.

O pár minut později vyjeli a zamířili dolů po řece.

Buck sollevò debolmente la testa e li guardò lasciare la banca.

Buck slabě zvedl hlavu a sledoval, jak odcházejí z banky.

Pike guidava la squadra, con Solleks dietro al volante.

Pike vedl tým, Solleks byl vzadu na místě volantu.

Joe e Teek camminavano in mezzo, zoppicando entrambi per la stanchezza.

Joe a Teek šli mezi nimi, oba kulhali vyčerpáním.

Mercedes si sedette sulla slitta e Hal afferrò la lunga pertica.

Mercedes seděla na saních a Hal se držel dlouhé tyče.

Charles barcollava dietro di lui, con passi goffi e incerti.

Karel se klopýtal za nimi, jeho kroky byly neohrabané a nejisté.

Thornton si inginocchiò accanto a Buck e tastò delicatamente per vedere se aveva ossa rotte.

Thornton klekl vedle Bucka a jemně hledal zlomené kosti.

Le sue mani erano ruvide, ma si muovevano con gentilezza e cura.

Jeho ruce byly drsné, ale pohybovaly se s laskavostí a péčí.

Il corpo di Buck era pieno di lividi, ma non presentava lesioni permanenti.

Buckovo tělo bylo pohmožděné, ale nevykazovalo žádná trvalá zranění.

Ciò che restava era una fame terribile e una debolezza quasi totale.

Zůstal jen hrozný hlad a téměř totální slabost.

Quando la situazione fu più chiara, la slitta era già andata molto a valle.

Než se to vyjasnilo, saně už byly daleko po proudu.

L'uomo e il cane osservavano la slitta avanzare lentamente sul ghiaccio che si rompeva.

Muž a pes sledovali, jak se sáně pomalu plazí po praskajícím ledu.

Poi videro la slitta sprofondare in una cavità.

Pak viděli, jak se saně propadají do prohlubně.

La pertica volò in alto, ma Hal vi si aggrappò ancora invano.

Tyč vyletěla vzhůru a Hal se jí stále marně držel.

L'urlo di Mercedes li raggiunse attraverso la fredda distanza.

Mercedesin výkřik k nim dolehl přes chladnou dálku.

Charles si voltò e fece un passo indietro, ma era troppo tardi.

Karel se otočil a ustoupil – ale bylo už pozdě.

Un'intera calotta di ghiaccio cedette e tutti precipitarono.

Celý ledový příkrov se propadl a všichni se skrz něj propadli.

Cani, slitte e persone scomparvero nelle acque nere sottostanti.

Psi, saně a lidé zmizeli v černé vodě pod nimi.

Nel punto in cui erano passati era rimasto solo un largo buco nel ghiaccio.

V místě, kudy prošli, zbyla v ledu jen široká díra.

Il fondo del sentiero era crollato, proprio come aveva previsto Thornton.

Dno stezky se propadlo – přesně jak Thornton varoval.

Thornton e Buck si guardarono l'un l'altro, in silenzio per un momento.

Thornton a Buck se na sebe podívali a na okamžik zmlkli.

"Povero diavolo", disse Thornton dolcemente, e Buck gli leccò la mano.

„Ty ubohý ďáblíku," řekl Thornton tiše a Buck mu olízl ruku.

Per amore di un uomo
Z lásky k muži

John Thornton si congelò i piedi per il freddo del dicembre precedente.
Johnu Thorntonovi loni v prosinci omrzly nohy.

I suoi compagni lo fecero sentire a suo agio e lo lasciarono guarire da solo.
Jeho partneři ho uklidnili a nechali ho, aby se zotavil samotného.

Risalirono il fiume per raccogliere una zattera di tronchi da sega per Dawson.
Vydali se proti proudu řeky, aby nashromáždili vor řezacích klád pro Dawsona.

Zoppicava ancora leggermente quando salvò Buck dalla morte.
Když zachránil Bucka před smrtí, stále mírně kulhal.

Ma con il persistere del caldo, anche quella zoppia è scomparsa.
Ale s pokračujícím teplým počasím i to kulhání zmizelo.

Sdraiato sulla riva del fiume durante le lunghe giornate primaverili, Buck si riposò.
Buck odpočíval během dlouhých jarních dnů na břehu řeky.

Osservava l'acqua che scorreva e ascoltava gli uccelli e gli insetti.
Pozoroval tekoucí vodu a poslouchal ptáky a hmyz.

Lentamente Buck riacquistò le forze sotto il sole e il cielo.
Buck pod sluncem a oblohou pomalu nabýval na síle.

Dopo aver viaggiato tremila miglia, riposarsi è stato meraviglioso.
Odpočinek po ujetých třech tisících mil byl úžasný.

Buck diventò pigro man mano che le sue ferite guarivano e il suo corpo si riempiva.
Buck se stal líným, jak se mu hojily rány a tělo se mu vyplňovalo.

I suoi muscoli si rassodarono e la carne tornò a ricoprire le sue ossa.

Jeho svaly zpevnily a maso se vrátilo, aby mu pokrylo kosti.

Stavano tutti riposando: Buck, Thornton, Skeet e Nig.

Všichni odpočívali – Buck, Thornton, Skeet a Nig.

Aspettarono la zattera che li avrebbe portati a Dawson.

Čekali na vor, který je měl dopravit dolů do Dawsonu.

Skeet era un piccolo setter irlandese che fece amicizia con Buck.

Skeet byl malý irský setr, který se spřátelil s Buckem.

Buck era troppo debole e malato per resisterle al loro primo incontro.

Buck byl příliš slabý a nemocný, aby jí při jejich prvním setkání odolal.

Skeet aveva la caratteristica di guaritore che alcuni cani possiedono per natura.

Skeet měl léčitelskou vlastnost, kterou někteří psi přirozeně mají.

Come una gatta, leccò e pulì le ferite aperte di Buck.

Jako kočičí matka olizovala a čistila Buckovy odřené rány.

Ogni mattina, dopo colazione, ripeteva il suo attento lavoro.

Každé ráno po snídani opakovala svou pečlivou práci.

Buck finì per aspettarsi il suo aiuto tanto quanto quello di Thornton.

Buck očekával její pomoc stejně jako Thorntonovu.

Anche Nig era amichevole, ma meno aperto e meno affettuoso.

Nig byl také přátelský, ale méně otevřený a méně láskyplný.

Nig era un grosso cane nero, in parte segugio e in parte levriero.

Nig byl velký černý pes, zčásti krveprolití a zčásti jelení pes.

Aveva occhi sorridenti e un'infinita bontà d'animo.

Měl smějící se oči a v duši nekonečnou dobrosrdečnost.

Con sorpresa di Buck, nessuno dei due cani mostrò gelosia nei suoi confronti.

K Buckovu překvapení ani jeden pes na něj neprojevoval žárlivost.

Sia Skeet che Nig condividevano la gentilezza di John Thornton.

Skeet i Nig sdíleli laskavost Johna Thorntona.

Man mano che Buck diventava più forte, lo attiravano in stupidi giochi da cani.

Jak Buck sílil, lákali ho do hloupých psích her.

Anche Thornton giocava spesso con loro, incapace di resistere alla loro gioia.

Thornton si s nimi také často hrál, protože nemohl odolat jejich radosti.

In questo modo giocoso, Buck passò dalla malattia a una nuova vita.

Touto hravou formou se Buck přenesl z nemoci do nového života.

L'amore, quello vero, ardente e passionale, era finalmente suo.

Láska – pravá, planoucí a vášnivá láska – konečně patřila jeho.

Non aveva mai conosciuto questo tipo di amore nella tenuta di Miller.

Na Millerově panství nikdy nepoznal takovou lásku.

Con i figli del giudice aveva condiviso lavoro e avventure.

Se soudcovými syny sdílel práci i dobrodružství.

Nei nipoti notò un orgoglio rigido e vanitoso.

U vnuků viděl strnulou a chvástavou pýchu.

Con lo stesso giudice Miller aveva un rapporto di rispettosa amicizia.

Se samotným soudcem Millerem ho pojímalo uctivé přátelství.

Ma l'amore che era fuoco, follia e adorazione era ciò che accadeva con Thornton.

Ale s Thorntonem přišla láska, která byla ohněm, šílenstvím a uctíváním.

Quest'uomo aveva salvato la vita di Buck, e questo di per sé significava molto.

Tento muž zachránil Buckovi život a už jen to samo o sobě hodně znamenalo.

Ma più di questo, John Thornton era il tipo ideale di maestro.

Ale víc než to, John Thornton byl ideálním typem mistra.

Altri uomini si prendevano cura dei cani per dovere o per necessità lavorative.

Jiní muži se o psy starali z povinnosti nebo pracovní nutnosti.

John Thornton si prendeva cura dei suoi cani come se fossero figli.

John Thornton se o své psy staral, jako by to byly jeho děti.

Si prendeva cura di loro perché li amava e semplicemente non poteva farne a meno.

Staral se o ně, protože je miloval a prostě si nemohl pomoct.

John Thornton vide molto più lontano di quanto la maggior parte degli uomini riuscisse mai a vedere.

John Thornton viděl ještě dál, než většina mužů kdy dokázala vidět.

Non dimenticava mai di salutarli gentilmente o di pronunciare una parola di incoraggiamento.

Nikdy nezapomněl je vlídně pozdravit nebo pronést povzbudivé slovo.

Amava sedersi con i cani per fare lunghe chiacchierate, o "gassy", come diceva lui.

Miloval dlouhé rozhovory se psy, nebo jak říkal, „nadýmání".

Gli piaceva afferrare bruscamente la testa di Buck tra le sue mani forti.

Rád Buckovi hrubě svíral hlavu svýma silnýma rukama.

Poi appoggiò la testa contro quella di Buck e lo scosse delicatamente.

Pak si opřel hlavu o Buckovu a jemně s ní zatřásl.

Nel frattempo, chiamava Buck con nomi volgari che per lui significavano affetto.

Celou dobu Buckovi nadával sprostými jmény, která pro Bucka znamenala lásku.

Per Buck, quell'abbraccio rude e quelle parole portarono una gioia profonda.

Buckovi to drsné objetí a ta slova přinesly hlubokou radost.

A ogni movimento il suo cuore sembrava sussultare di felicità.

Zdálo se, že se mu srdce při každém pohybu uvolňuje štěstím.

Quando poi balzò in piedi, la sua bocca sembrava ridere.

Když potom vyskočil, jeho ústa vypadala, jako by se smála.

I suoi occhi brillavano intensamente e la sua gola tremava per una gioia inespressa.

Oči mu jasně zářily a hrdlo se mu třáslo nevyslovenou radostí.

Il suo sorriso rimase immobile in quello stato di emozione e affetto ardente.

Jeho úsměv v tom stavu emocí a zářící náklonnosti nehybně stával.

Allora Thornton esclamò pensieroso: "Dio! Riesce quasi a parlare!"

Pak Thornton zamyšleně zvolal: „Bože! Vždyť už skoro umí mluvit!"

Buck aveva uno strano modo di esprimere l'amore che quasi gli causava dolore.

Buck měl zvláštní způsob vyjadřování lásky, který mu málem způsoboval bolest.

Spesso stringeva forte la mano di Thornton tra i denti.

Často velmi pevně svíral Thorntonovu ruku v zubech.

Il morso avrebbe lasciato segni profondi che sarebbero rimasti per qualche tempo.

Kousnutí mělo zanechat hluboké stopy, které zůstaly ještě nějakou dobu poté.

Buck credeva che quei giuramenti fossero amore, e Thornton la pensava allo stesso modo.

Buck věřil, že ty přísahy jsou láska, a Thornton věděl totéž.

Il più delle volte, l'amore di Buck si manifestava in un'adorazione silenziosa, quasi silenziosa.

Buckova láska se nejčastěji projevovala v tichém, téměř němém zbožňování.

Sebbene fosse emozionato quando veniva toccato o gli si parlava, non cercava attenzione.

Ačkoli byl nadšený, když se ho někdo dotkl nebo na něj oslovil, nevyhledával pozornost.

Skeet spinse il naso sotto la mano di Thornton finché lui non la accarezzò.

Skeet strčila čumákem pod Thorntonovu ruku, dokud ji nepohladil.

Nig si avvicinò silenziosamente e appoggiò la sua grande testa sulle ginocchia di Thornton.

Nig tiše přistoupil a položil svou velkou hlavu na Thorntonovo koleno.

Buck, al contrario, si accontentava di amare da una rispettosa distanza.

Buck se naopak spokojil s láskou projevovanou z uctivé vzdálenosti.

Rimase sdraiato per ore ai piedi di Thornton, vigile e attento.

Hodiny ležel Thorntonovi u nohou, bdělý a bedlivě sledoval.

Buck studiò ogni dettaglio del volto del suo padrone, perfino il più piccolo movimento.

Buck studoval každý detail tváře svého pána a jeho sebemenší pohyb.

Oppure sdraiati più lontano, studiando in silenzio la sagoma dell'uomo.

Nebo ležel dál a mlčky studoval mužovu postavu.

Buck osservava ogni piccolo movimento, ogni cambiamento di postura o di gesto.

Buck sledoval každý malý pohyb, každou změnu postoje nebo gesta.

Questo legame era così potente che spesso catturava lo sguardo di Thornton.

Toto spojení bylo tak silné, že často přitahovalo Thorntonův pohled.

Incontrò lo sguardo di Buck senza dire parole, e il suo amore traspariva chiaramente.

Beze slov se setkal s Buckovým pohledem, z něhož jasně zářila láska.

Per molto tempo dopo essere stato salvato, Buck non perse mai di vista Thornton.

Dlouho poté, co byl Buck zachráněn, nespustil Thorntona z dohledu.

Ogni volta che Thornton usciva dalla tenda, Buck lo seguiva da vicino all'esterno.

Kdykoli Thornton opustil stan, Buck ho těsně následoval ven.

Tutti i severi padroni delle Terre del Nord avevano fatto sì che Buck non riuscisse più a fidarsi.
Všichni ti drsní páni na Severu Bucka zastrašili a zbavili ho důvěry.
Temeva che nessun uomo potesse restare suo padrone se non per un breve periodo.
Bál se, že žádný muž nemůže zůstat jeho pánem déle než krátkou dobu.
Temeva che John Thornton sarebbe scomparso come Perrault e François.
Bál se, že John Thornton zmizí jako Perrault a François.
Anche di notte, la paura di perderlo tormentava il sonno agitato di Buck.
I v noci pronásledoval Buckův neklidný spánek strach ze ztráty.
Quando Buck si svegliò, si trascinò fuori al freddo e andò nella tenda.
Když se Buck probudil, vyplížil se do chladu a šel ke stanu.
Ascoltò attentamente il leggero suono del suo respiro interiore.
Pozorně naslouchal, jestli neuslyší tichý zvuk vnitřního dýchání.
Nonostante il profondo amore di Buck per John Thornton, la natura selvaggia sopravvisse.
Navzdory Buckově hluboké lásce k Johnu Thorntonovi divočina zůstala naživu.
Quell'istinto primitivo, risvegliatosi nel Nord, non scomparve.
Ten primitivní instinkt, probuzený na Severu, nezmizel.
L'amore portava devozione, lealtà e il caldo legame attorno al fuoco.
Láska přinesla oddanost, věrnost a vřelé pouto u krbu.
Ma Buck mantenne anche i suoi istinti selvaggi, acuti e sempre all'erta.
Buck si ale také zachoval své divoké instinkty, bystré a neustále ve střehu.

Non era solo un animale domestico addomesticato proveniente dalle dolci terre della civiltà.

Nebyl to jen ochočený mazlíček z měkkých končin civilizace.

Buck era un essere selvaggio che si era seduto accanto al fuoco di Thornton.

Buck byl divoký tvor, který si přišel sednout k Thorntonovu ohni.

Sembrava un cane del Southland, ma in lui albergava la natura selvaggia.

Vypadal jako pes z Jihu, ale v sobě žil divokost.

Il suo amore per Thornton era troppo grande per permettersi un furto da parte di quell'uomo.

Jeho láska k Thorntonovi byla příliš velká na to, aby mu dovolila okrást ho.

Ma in qualsiasi altro campo ruberebbe con audacia e senza esitazione.

Ale v jakémkoli jiném táboře by kradl směle a bez zaváhání.

Era così abile nel rubare che nessuno riusciva a catturarlo o accusarlo.

Byl tak chytrý v krádeži, že ho nikdo nemohl chytit ani obvinit.

Il suo viso e il suo corpo erano coperti di cicatrici dovute a molti combattimenti passati.

Jeho obličej a tělo byly pokryty jizvami z mnoha minulých bojů.

Buck continuava a combattere con ferocia, ma ora lo faceva con maggiore astuzia.

Buck stále bojoval zuřivě, ale teď bojoval s větší lstivostí.

Skeet e Nig erano troppo docili per combattere, ed erano di Thornton.

Skeet a Nig byli příliš jemní na to, aby se s nimi bojovalo, a patřili Thorntonovi.

Ma qualsiasi cane estraneo, non importa quanto forte o coraggioso, cedeva.

Ale každý cizí pes, bez ohledu na to, jak silný nebo statečný byl, ustoupil.

Altrimenti, il cane si ritrovò a combattere contro Buck, lottando per la propria vita.

Jinak se pes ocitl v situaci, kdy s Buckem bojoval; bojoval o život.

Buck non ebbe pietà quando decise di combattere contro un altro cane.

Buck neměl slitování, jakmile se rozhodl bojovat s jiným psem.

Aveva imparato bene la legge del bastone e della zanna nel Nord.

Dobře se naučil zákon kyje a tesáku na Severu.

Non ha mai rinunciato a un vantaggio e non si è mai tirato indietro dalla battaglia.

Nikdy se nevzdal výhody a nikdy neustoupil z bitvy.

Aveva studiato Spitz e i cani più feroci della polizia e della posta.

Studoval Špice a nejzuřivější poštovní a policejní psy.

Sapeva chiaramente che non esisteva via di mezzo in un combattimento selvaggio.

Jasně věděl, že v divokém boji není střední cesta.

Doveva governare o essere governato; mostrare misericordia significava mostrare debolezza.

Musel vládnout, nebo být ovládán; projevit milosrdenství znamenalo projevit slabost.

La pietà era sconosciuta nel mondo crudo e brutale della sopravvivenza.

V surovém a brutálním světě přežití bylo milosrdenství neznámé.

Mostrare pietà era visto come un atto di paura, e la paura conduceva rapidamente alla morte.

Projevování milosrdenství bylo vnímáno jako strach a strach rychle vedl k smrti.

La vecchia legge era semplice: uccidere o essere uccisi, mangiare o essere mangiati.

Starý zákon byl jednoduchý: zabij, nebo budeš zabit, sněz, nebo budeš sežrán.

Quella legge proveniva dalle profondità del tempo e Buck la seguì alla lettera.

Ten zákon pocházel z hlubin času a Buck se jím plně řídil.

Buck era più vecchio dei suoi anni e del numero dei suoi respiri.

Buck byl starší, než na jaký věk a kolik nádechů se nadechl.

Collegava in modo chiaro il passato remoto con il momento presente.

Jasně propojil dávnou minulost s přítomností.

I ritmi profondi dei secoli si muovevano attraverso di lui come le maree.

Hluboké rytmy věků se jím proháněly jako příliv a odliv.

Il tempo pulsava nel suo sangue con la stessa sicurezza con cui le stagioni muovevano la terra.

Čas mu v krvi pulzoval stejně jistě, jako se roční období pohybovala zemí.

Sedeva accanto al fuoco di Thornton, con il petto forte e le zanne bianche.

Seděl u Thorntonova ohně, se silnou hrudí a bílými tesáky.

La sua lunga pelliccia ondeggiava, ma dietro di lui lo osservavano gli spiriti dei cani selvatici.

Jeho dlouhá srst vlala, ale za ním ho pozorovali duchové divokých psů.

Lupi mezzi e lupi veri si agitavano nel suo cuore e nei suoi sensi.

V jeho srdci a smyslech se probouzely poloviční i skuteční vlci.

Assaggiarono la sua carne e bevvero la stessa acqua che bevve lui.

Ochutnali jeho maso a pili stejnou vodu jako on.

Annusarono il vento insieme a lui e ascoltarono la foresta.

Nasmívali se větru vedle něj a naslouchali lesu.

Sussurravano il significato dei suoni selvaggi nell'oscurità.

Šeptali významy divokých zvuků ve tmě.

Modellavano il suo umore e guidavano ciascuna delle sue reazioni silenziose.

Formovaly jeho nálady a řídily každou z jeho tichých reakcí.

Giacevano accanto a lui mentre dormiva e diventavano parte dei suoi sogni profondi.

Ležely s ním, když spal, a stávaly se součástí jeho hlubokých snů.

Sognavano con lui, oltre lui, e costituivano il suo stesso spirito.

Snili s ním, překračovali jeho hranice, a tvořili jeho samotnou duši.

Gli spiriti della natura selvaggia chiamavano con tanta forza che Buck si sentì attratto.

Duchové divočiny volali tak silně, že se Buck cítil přitahován.

Ogni giorno che passava, l'umanità e le sue rivendicazioni si indebolivano nel cuore di Buck.

Lidstvo a jeho nároky v Buckově srdci každým dnem slábly.

Nel profondo della foresta si stava per udire un richiamo strano ed emozionante.

Hluboko v lese se mělo ozvat zvláštní a vzrušující volání.

Ogni volta che sentiva la chiamata, Buck provava un impulso a cui non riusciva a resistere.

Pokaždé, když Buck uslyšel volání, pocítil nutkání, kterému nemohl odolat.

Avrebbe voltato le spalle al fuoco e ai sentieri battuti dagli uomini.

Chystal se odvrátit od ohně a od vyšlapaných lidských cest.

Stava per addentrarsi nella foresta, avanzando senza sapere il perché.

Chystal se vrhnout se do lesa, jít vpřed, aniž by věděl proč.

Non mise in discussione questa attrazione, perché la chiamata era profonda e potente.

Nezpochybňoval tuto přitažlivost, neboť volání bylo hluboké a silné.

Spesso raggiungeva l'ombra verde e la terra morbida e intatta

Často dosahoval zeleného stínu a měkké nedotčené země

Ma poi il forte amore per John Thornton lo riportò al fuoco.

Ale pak ho silná láska k Johnu Thorntonovi přitáhla zpět k ohni.

Soltanto John Thornton riuscì davvero a tenere stretto il cuore selvaggio di Buck.

Pouze John Thornton skutečně držel Buckovo divoké srdce ve svém sevření.

Per Buck il resto dell'umanità non aveva alcun valore o significato duraturo.

Zbytek lidstva pro Bucka neměl žádnou trvalou hodnotu ani význam.

Gli sconosciuti potrebbero lodarlo o accarezzargli la pelliccia con mani amichevoli.

Cizí lidé by ho mohli chválit nebo přátelsky hladit jeho srst.

Buck rimase impassibile e se ne andò per eccesso di affetto.

Buck zůstal nehnut a odešel z přílišné náklonnosti.

Hans e Pete arrivarono con la zattera che era stata attesa a lungo

Hans a Pete dorazili s vorem, na který se dlouho čekalo.

Buck li ignorò finché non venne a sapere che erano vicini a Thornton.

Buck je ignoroval, dokud se nedozvěděl, že jsou blízko Thorntonu.

Da allora in poi li tollerò, ma non dimostrò mai loro tutto il suo calore.

Poté je toleroval, ale nikdy jim neprojevoval plnou vřelost.

Accettava da loro cibo o gentilezza come se volesse fare loro un favore.

Přijímal od nich jídlo nebo laskavost, jako by jim prokazoval laskavost.

Erano come Thornton: semplici, onesti e lucidi nei pensieri.

Byli jako Thornton – prostí, čestní a s jasným myšlením.

Tutti insieme viaggiarono verso la segheria di Dawson e il grande vortice

Všichni společně cestovali k Dawsonově pile a k velkému víru

Nel corso del loro viaggio impararono a comprendere profondamente la natura di Buck.

Na své cestě se naučili hluboce porozumět Buckově povaze.

Non cercarono di avvicinarsi come avevano fatto Skeet e Nig.

Nesnažili se sblížit jako Skeet a Nig.

Ma l'amore di Buck per John Thornton non fece che aumentare con il tempo.

Buckova láska k Johnu Thorntonovi se ale časem jen prohlubovala.

Solo Thornton poteva mettere uno zaino sulla schiena di Buck durante l'estate.

Jen Thornton dokázal v létě Buckovi na záda naložit batoh.

Buck era disposto a eseguire senza riserve qualsiasi ordine impartito da Thornton.

Ať už Thornton přikázal cokoli, Buck byl ochoten splnit vše, co potřeboval.

Un giorno, dopo aver lasciato Dawson per le sorgenti del Tanana,

Jednoho dne, poté, co opustili Dawson a vydali se k pramenům řeky Tanany,

il gruppo era seduto su una rupe che scendeva per un metro fino a raggiungere la nuda roccia.

Skupina seděla na útesu, který se svažoval o metr níže k holé skále.

John Thornton si sedette vicino al bordo e Buck si riposò accanto a lui.

John Thornton seděl blízko okraje a Buck odpočíval vedle něj.

Thornton ebbe un'idea improvvisa e richiamò l'attenzione degli uomini.

Thorntona náhle napadla myšlenka a upoutal pozornost mužů.

Indicò l'altro lato del baratro e diede a Buck un unico comando.

Ukázal přes propast a dal Buckovi jediný rozkaz.

"Salta, Buck!" disse, allungando il braccio oltre il precipizio.

„Skoč, Bucku!" řekl a natáhl ruku přes propast.

Un attimo dopo dovette afferrare Buck, che stava saltando per obbedire.

V okamžiku musel chytit Bucka, který se chystal poslechnout.

Hans e Pete si precipitarono in avanti e tirarono entrambi indietro per metterli in salvo.

Hans a Pete se vrhli dopředu a odtáhli oba zpět do bezpečí.

Dopo che tutto fu finito e che ebbero ripreso fiato, Pete prese la parola.

Když všechno skončilo a oni popadli dech, promluvil Pete.

«È un amore straordinario», disse, scosso dalla feroce devozione del cane.

„Ta láska je zlověstná," řekl, otřesen psí zuřivou oddaností.

Thornton scosse la testa e rispose con calma e serietà.

Thornton zavrtěl hlavou a odpověděl s klidnou vážností.

«No, l'amore è splendido», disse, «ma anche terribile».

„Ne, láska je nádherná," řekl, „ale také hrozná."

"A volte, devo ammetterlo, questo tipo di amore mi fa paura."

„Někdy musím přiznat, že mě tenhle druh lásky děsí."

Pete annuì e disse: "Mi dispiacerebbe tanto essere l'uomo che ti tocca".

Pete přikývl a řekl: „Nerad bych byl ten muž, co se tě dotkne."

Mentre parlava, guardava Buck con aria seria e piena di rispetto.

Při řeči se na Bucka díval vážně a plný úcty.

"Py Jingo!" esclamò Hans in fretta. "Neanch'io, no signore."

„Py Jingo!" řekl Hans rychle. „Já taky ne, pane."

Prima che finisse l'anno, i timori di Pete si avverarono a Circle City.

Ještě před koncem roku se Petovy obavy v Circle City naplnily.

Un uomo crudele di nome Black Burton attaccò una rissa nel bar.

Krutý muž jménem Black Burton se v baru popral.

Era arrabbiato e cattivo, e si scagliava contro un novellino.

Byl rozzlobený a zlomyslný a útočil na nového mladíka.

John Thornton intervenne, calmo e bonario come sempre.

Vstoupil John Thornton, klidný a dobromyslný jako vždy.

Buck giaceva in un angolo, con la testa bassa, e osservava Thornton attentamente.

Buck ležel v rohu se sklopenou hlavou a pozorně sledoval Thorntona.

Burton colpì all'improvviso e il suo pugno fece girare Thornton.

Burton náhle udeřil a jeho rána Thorntona zatočila.

Solo la ringhiera della sbarra gli impedì di cadere violentemente a terra.

Pouze zábradlí hrazdy ho zabránilo v prudkém pádu na zem.

Gli osservatori hanno sentito un suono che non era un abbaio o un guaito

Pozorovatelé slyšeli zvuk, který nebyl štěkání ani kňučení

Buck emise un profondo ruggito mentre si lanciava verso l'uomo.

Buck se ozval hlubokým řevem, když se vrhl k muži.

Burton alzò il braccio e per poco non si salvò la vita.

Burton zvedl ruku a jen tak tak si zachránil život.

Buck si schiantò contro di lui, facendolo cadere a terra.

Buck do něj narazil a srazil ho na podlahu.

Buck gli diede un morso profondo al braccio, poi si lanciò alla gola.

Buck se hluboce zakousl do mužovy paže a pak se vrhl na krk.

Burton riuscì a parare solo in parte e il suo collo fu squarciato.

Burton dokázal blokovat jen částečně a měl roztržený krk.

Gli uomini si precipitarono dentro, brandendo i manganelli e allontanarono Buck dall'uomo sanguinante.

Muži vtrhli dovnitř s zdviženými obušky a odhnali Bucka od krvácejícího muže.

Un chirurgo ha lavorato rapidamente per impedire che il sangue fuoriuscisse.

Chirurg rychle zasáhl, aby zastavil krvácení.

Buck camminava avanti e indietro ringhiando, tentando di attaccare ancora e ancora.

Buck přecházel sem a tam a vrčel a pokoušel se znovu a znovu zaútočit.

Soltanto i bastoni oscillanti gli impedirono di raggiungere Burton.

Pouze hole mu zabránily dosáhnout Burtona.

Proprio lì, sul posto, venne convocata una riunione dei minatori.

Byla svolána a na místě se konala schůze horníků.

Concordarono sul fatto che Buck era stato provocato e votarono per liberarlo.

Shodli se, že Buck byl vyprovokován, a hlasovali pro jeho propuštění.

Ma il nome feroce di Buck risuonava ormai in ogni accampamento dell'Alaska.

Ale Buckovo nelítostné jméno se nyní ozývalo v každém táboře na Aljašce.

Più tardi, quello stesso autunno, Buck salvò Thornton di nuovo in un modo nuovo.

Později téhož podzimu Buck Thorntona znovu zachránil novým způsobem.

I tre uomini stavano guidando una lunga barca lungo delle rapide impetuose.

Ti tři muži řídili dlouhý člun po rozbouřených peřejích.

Thornton manovrava la barca, gridando indicazioni per raggiungere la riva.

Thornton řídil loď a volal pokyny k pobřeží.

Hans e Pete correvano sulla terraferma, tenendo una corda da un albero all'altro.

Hans a Pete běželi po souši a drželi se za provaz převázaný od stromu ke stromu.

Buck procedeva a passo d'uomo sulla riva, tenendo sempre d'occhio il suo padrone.

Buck držel krok na břehu a neustále sledoval svého pána.

In un punto pericoloso, delle rocce sporgevano dall'acqua veloce.

Na jednom nepříjemném místě vyčnívaly pod rychlou vodou skály.

Hans lasciò andare la cima e Thornton tirò la barca verso la larghezza.

Hans pustil lano a Thornton stočil loď do strany.

Hans corse a percorrerla di nuovo, superando le pericolose rocce.

Hans sprintoval, aby znovu dohnal loď za nebezpečnými skalami.

La barca superò la sporgenza ma trovò una corrente più forte.

Loď sice překonala římsu, ale narazila do silnější části proudu.

Hans afferrò la cima troppo velocemente e fece perdere l'equilibrio alla barca.

Hans příliš rychle chytil lano a vyvedl loď z rovnováhy.

La barca si capovolse e sbatté contro la riva, con la parte inferiore rivolta verso l'alto.

Loď se převrátila a narazila dnem vzhůru do břehu.

Thornton venne scaraventato fuori e trascinato nella parte più selvaggia dell'acqua.

Thorntona vymrštilo a smetlo do nejdivočejší části vody.

Nessun nuotatore sarebbe sopravvissuto in quelle acque pericolose e pericolose.

Žádný plavec by v těch smrtelně dravých vodách nepřežil.

Buck si lanciò all'istante e inseguì il suo padrone lungo il fiume.

Buck okamžitě skočil a pronásledoval svého pána po řece.

Dopo trecento metri finalmente raggiunse Thornton.

Po třech stech metrech konečně dorazil k Thorntonu.

Thornton afferrò la coda di Buck, e Buck si diresse verso la riva.

Thornton chytil Bucka za ocas a Buck se otočil ke břehu.

Nuotò con tutte le sue forze, lottando contro la forte resistenza dell'acqua.

Plaval z plné síly a bojoval s divokým odporem vody.

Si spostarono verso valle più velocemente di quanto riuscissero a raggiungere la riva.

Pohybovali se po proudu rychleji, než stačili dosáhnout břehu.

Più avanti, il fiume ruggiva più forte, precipitando in rapide mortali.

Řeka před nimi hučela hlasitěji, jak se řítila do smrtelně nebezpečných peřejí.

Le rocce fendevano l'acqua come i denti di un enorme pettine.

Kameny prořezávaly vodu jako zuby obrovského hřebenu.

La forza di attrazione dell'acqua nei pressi del dislivello era selvaggia e ineluttabile.

Přitažlivost vody u propadliště byla prudká a nevyhnutelná.

Thornton sapeva che non sarebbero mai riusciti a raggiungere la riva in tempo.

Thornton věděl, že se jim nikdy nepodaří dostat se na břeh včas.

Raschiò una roccia, ne sbatté una seconda,

Škrábal se o jeden kámen, narazil do druhého,

Poi si schiantò contro una terza roccia, afferrandola con entrambe le mani.

A pak narazil do třetí skály a chytil se jí oběma rukama.

Lasciò andare Buck e urlò sopra il ruggito: "Vai, Buck! Vai!"

Pustil Bucka a zakřičel přes řev: „Do toho, Bucku! Do toho!"

Buck non riuscì a restare a galla e fu trascinato dalla corrente.

Buck se neudržel na hladině a byl stržen proudem.

Lottò con tutte le sue forze, cercando di girarsi, ma non fece alcun progresso.

Zuřivě bojoval, snažil se otočit, ale vůbec se mu nepodařilo pohnout se.

Poi sentì Thornton ripetere il comando sopra il fragore del fiume.

Pak uslyšel Thorntona, jak opakuje rozkaz přes hukot řeky.

Buck si impennò fuori dall'acqua e sollevò la testa come per dare un'ultima occhiata.

Buck se vynořil z vody a zvedl hlavu, jako by se na něj naposledy podíval.

poi si voltò e obbedì, nuotando verso la riva con risolutezza.

pak se otočil, poslechl a odhodlaně plaval ke břehu.

Pete e Hans lo tirarono a riva all'ultimo momento possibile.

Pete a Hans ho v poslední možné chvíli vytáhli na břeh.

Sapevano che Thornton avrebbe potuto aggrapparsi alla roccia solo per pochi minuti.

Věděli, že Thornton se skály vydrží držet už jen pár minut.

Corsero su per la riva fino a un punto molto più in alto rispetto al punto in cui lui era appeso.

Vyběhli po břehu k místu vysoko nad místem, kde visel.

Legarono con cura la cima della barca al collo e alle spalle di Buck.

Pečlivě přivázali Buckovi k krku a ramenům lano od lodi.

La corda era stretta ma abbastanza larga da permettere di respirare e muoversi.

Lano bylo pevné, ale dostatečně volné pro dýchání a pohyb.

Poi lo gettarono di nuovo nel fiume impetuoso e mortale.

Pak ho znovu spustili do zurčící, smrtící řeky.

Buck nuotò coraggiosamente ma non riuscì a prendere l'angolazione giusta per affrontare la forza della corrente.

Buck plaval odvážně, ale minul svůj úhel a netrefil se do síly proudu.

Si accorse troppo tardi che stava per superare Thornton.

Příliš pozdě si uvědomil, že Thorntona mine.

Hans tirò forte la corda, come se Buck fosse una barca che si capovolge.

Hans trhl lanem, jako by Buck byl převracející se loď.

La corrente lo trascinò sott'acqua e lui scomparve sotto la superficie.

Proud ho stáhl pod hladinu a on zmizel.

Il suo corpo colpì la riva prima che Hans e Pete lo tirassero fuori.

Jeho tělo narazilo do břehu, než ho Hans a Pete vytáhli ven.

Era mezzo annegato e gli tolsero l'acqua dal corpo.

Byl napůl utonutý a oni z něj vymlátili vodu.

Buck si alzò, barcollò e crollò di nuovo a terra.

Buck vstal, zapotácel se a znovu se zhroutil na zem.

Poi udirono la voce di Thornton portata debolmente dal vento.

Pak uslyšeli Thorntonův hlas slabě unášený větrem.

Sebbene le parole non fossero chiare, sapevano che era vicino alla morte.

Ačkoliv slova byla nejasná, věděli, že je blízko smrti.

Il suono della voce di Thornton colpì Buck come una scossa elettrica.

Zvuk Thorntonova hlasu zasáhl Bucka jako elektrický šok.

Saltò in piedi e corse su per la riva, tornando al punto di partenza.

Vyskočil a běžel po břehu nahoru k místu startu.

Legarono di nuovo la corda a Buck, e di nuovo lui entrò nel fiume.

Znovu přivázali k Buckovi lano a on znovu vstoupil do potoka.

Questa volta nuotò direttamente e con decisione nell'acqua impetuosa.

Tentokrát plaval přímo a pevně do proudící vody.

Hans lasciò scorrere la corda con regolarità, mentre Pete impediva che si aggrovigliasse.

Hans pomalu pouštíval lano, zatímco Pete ho bránil v jeho zamotání.

Buck nuotò con forza finché non si trovò allineato appena sopra Thornton.

Buck plaval ze všech sil, dokud se nedostal těsně nad Thornton.

Poi si voltò e si lanciò verso di lui come un treno a tutta velocità.

Pak se otočil a řítil se dolů jako vlak v plné rychlosti.

Thornton lo vide arrivare, si preparò e gli abbracciò il collo.

Thornton ho uviděl přicházet, připravil se na odpor a objal ho kolem krku.

Hans legò saldamente la corda attorno a un albero mentre entrambi venivano tirati sott'acqua.

Hans pevně uvázal lano kolem stromu, když byli oba staženi pod zem.

Caddero sott'acqua, schiantandosi contro rocce e detriti del fiume.

Padali pod vodu a naráželi do skal a říčních sutin.

Un attimo prima Buck era in cima e un attimo dopo Thornton si alzava ansimando.

V jednu chvíli byl Buck nahoře a v další Thornton vstal a zalapal po dechu.

Malconci e soffocati, si diressero verso la riva e si misero in salvo.

Zbití a dusící se stočili k břehu a do bezpečí.

Thornton riprese conoscenza mentre era sdraiato su un tronco alla deriva.

Thornton se probral a ležel na naplaveném kmeni.

Hans e Pete lavorarono duramente per riportarlo a respirare e a vivere.

Hans a Pete tvrdě pracovali na tom, aby mu vrátili dech a život.

Il suo primo pensiero fu per Buck, che giaceva immobile e inerte.

Jeho první myšlenka patřila Buckovi, který ležel nehybně a bezvládně.

Nig ululò sul corpo di Buck e Skeet gli leccò delicatamente il viso.

Nig zavýjel nad Buckovým tělem a Skeet mu jemně olízl obličej.

Thornton, dolorante e contuso, esaminò Buck con mano attenta.

Thornton, bolavý a pohmožděný, si Bucka pečlivě prohlédl.

Ha trovato tre costole rotte, ma il cane non presentava ferite mortali.

Nalezl u psa zlomená tři žebra, ale žádná smrtelná zranění.

"Questo è tutto", disse Thornton. "Ci accamperemo qui". E così fecero.

„Tím je to vyřešeno," řekl Thornton. „Tady táboříme." A taky tábořili.

Rimasero lì finché le costole di Buck non guarirono e lui poté di nuovo camminare.

Zůstali tam, dokud se Buckovi nezahojila žebra a on znovu nemohl chodit.

Quell'inverno Buck compì un'impresa che accrebbe ulteriormente la sua fama.

Té zimy Buck předvedl čin, který jeho slávu ještě více zvýšil.

Fu un gesto meno eroico del salvataggio di Thornton, ma altrettanto impressionante.

Bylo to méně hrdinské než záchrana Thorntona, ale stejně působivé.

A Dawson, i soci avevano bisogno di provviste per un viaggio lontano.

V Dawsonu potřebovali partneři zásoby na dalekou cestu.

Volevano viaggiare verso est, in terre selvagge e incontaminate.

Chtěli cestovat na východ, do nedotčené divočiny.

Quel viaggio fu possibile grazie all'impresa compiuta da Buck nell'Eldorado Saloon.

Buckův čin v saloonu Eldorado umožnil tuto cestu.

Tutto cominciò con degli uomini che si vantavano dei loro cani bevendo qualcosa.

Začalo to tím, že se muži u drinků chlubili svými psy.

La fama di Buck lo rese bersaglio di sfide e dubbi.

Buckova sláva z něj udělala terč výzev a pochybností.

Thornton, fiero e calmo, rimase fermo nel difendere il nome di Buck.

Thornton, hrdý a klidný, pevně hájil Buckovo jméno.

Un uomo ha affermato che il suo cane riusciva a trainare facilmente duecentocinquanta chili.

Jeden muž řekl, že jeho pes dokáže s lehkostí utáhnout pět set liber.

Un altro disse seicento, e un terzo si vantò di settecento.

Další řekl šest set a třetí se chlubil sedmi sty.

"Pfft!" disse John Thornton, "Buck può trainare una slitta da mille libbre."

„Pch!" řekl John Thornton, „Buck utáhne tisícilibrové sáně."

Matthewson, un Bonanza King, si sporse in avanti e lo sfidò.

Matthewson, král Bonanzy, se naklonil dopředu a vyzval ho.

"Pensi che possa spostare tutto quel peso?"

„Myslíš, že dokáže uvést do pohybu takovou váhu?"

"E pensi che riesca a sollevare il peso per cento metri?"

„A myslíš, že tu váhu dokáže utáhnout celých sto yardů?"

Thornton rispose freddamente: "Sì. Buck è abbastanza cane da farlo."

Thornton chladně odpověděl: „Ano. Buck je dost pes na to, aby to dokázal."

"Metterà in moto mille libbre e la tirerà per cento metri."

„Uvede do pohybu tisíc liber a utáhne to sto yardů."

Matthewson sorrise lentamente e si assicurò che tutti gli uomini udissero le sue parole.

Matthewson se pomalu usmál a ujistil se, že všichni muži slyšeli jeho slova.

"Ho mille dollari che dicono che non può. Eccoli."

„Mám vsadit tisíc dolarů, že nemůže. Tady to je."

Sbatté sul bancone un sacco di polvere d'oro grande quanto una salsiccia.

Práskl o bar pytelem zlatého prachu velikosti klobásy.

Nessuno disse una parola. Il silenzio si fece pesante e teso intorno a loro.

Nikdo neřekl ani slovo. Ticho kolem nich tížilo a napínalo se.

Il bluff di Thornton, se mai lo fu, era stato preso sul serio.

Thorntonův blaf – pokud to vůbec byl blaf – byl brán vážně.

Sentì il calore salirgli al viso mentre il sangue gli affluiva alle guance.

Cítil, jak se mu do tváří hrne horko, jak se mu do tváří hrne krev.

In quel momento la sua lingua aveva preceduto la ragione.

V tu chvíli jeho jazyk předběhl rozum.

Non sapeva davvero se Buck sarebbe riuscito a spostare mille libbre.

Opravdu nevěděl, jestli Buck dokáže pohnout tisíci liber.

Mezza tonnellata! Solo la sua mole gli faceva sentire il cuore pesante.

Půl tuny! Už jen ta velikost mu ztěžovala srdce.

Aveva fiducia nella forza di Buck e lo riteneva capace.

Věřil v Buckovu sílu a považoval ho za schopného.

Ma non aveva mai affrontato una sfida di questo tipo, non in questo modo.

Ale nikdy předtím nečelil takové výzvě, ne takovéhle.

Una dozzina di uomini lo osservavano in silenzio, in attesa di vedere cosa avrebbe fatto.

Tucet mužů ho tiše pozorovalo a čekalo, co udělá.

Lui non aveva i soldi, e nemmeno Hans e Pete.

Neměl peníze – ani Hans, ani Pete.

"Ho una slitta fuori", disse Matthewson in modo freddo e diretto.

„Mám venku sáně," řekl Matthewson chladně a přímočaře.

"È carico di venti sacchi, da cinquanta libbre ciascuno, tutti di farina.

„Je naloženo dvaceti pytli, každý o hmotnosti padesáti liber, samá mouka."

Quindi non lasciare che la scomparsa della slitta diventi la tua scusa", ha aggiunto.

„Takže teď nenechte chybějící saně být vaší výmluvou," dodal.

Thornton rimase in silenzio. Non sapeva che parole dire.

Thornton mlčel. Nevěděl, jaká slova by měl říct.

Guardò i volti intorno a sé senza vederli chiaramente.

Rozhlédl se po tvářích, ale neviděl je jasně.

Sembrava un uomo immerso nei suoi pensieri, che cercava di ripartire.

Vypadal jako muž ztuhlý v myšlenkách, který se snaží znovu nastartovat.

Poi incontrò Jim O'Brien, un amico dei tempi dei Mastodon.

Pak uviděl Jima O'Briena, přítele z dob Mastodonta.

Quel volto familiare gli diede un coraggio che non sapeva di avere.

Ta známá tvář mu dodala odvahu, o které ani nevěděl, že ji má.

Si voltò e chiese a bassa voce: "Puoi prestarmi mille dollari?"

Otočil se a tiše se zeptal: „Můžete mi půjčit tisíc?"

"Certo", disse O'Brien, lasciando cadere un pesante sacco vicino all'oro.

„Jasně," řekl O'Brien a už u zlata pustil těžký pytel.

"Ma sinceramente, John, non credo che la bestia possa fare questo."

„Ale upřímně, Johne, nevěřím, že by tohle ta bestie dokázala."

Tutti quelli presenti all'Eldorado Saloon si precipitarono fuori per assistere all'evento.

Všichni v saloonu Eldorado se vyhrnuli ven, aby se na událost podívali.

Lasciarono tavoli e bevande e perfino le partite furono sospese.

Opustili stoly a nápoje a dokonce i hry byly pozastaveny.

Croupier e giocatori accorsero per assistere alla conclusione di questa audace scommessa.

Krupiéři a hazardní hráči se přišli podívat na konec odvážné sázky.

Centinaia di persone si radunarono attorno alla slitta sulla strada ghiacciata.

Stovky lidí se shromáždily kolem saní na zledovatělé otevřené ulici.

La slitta di Matthewson era carica di un carico completo di sacchi di farina.

Matthewsonovy sáně stály plné pytlů mouky.

La slitta era rimasta ferma per ore a temperature sotto lo zero.

Sáně stály hodiny v mínusových teplotách.

I pattini della slitta erano congelati e incollati alla neve compatta.

Běžce saní byly pevně přimrzlé k udusanému sněhu.

Gli uomini scommettevano due a uno che Buck non sarebbe riuscito a spostare la slitta.

Muži vsadili dva ku jedné, že Buck nedokáže pohnout saněmi.

Scoppiò una disputa su cosa significasse realmente "break out".

Vypukl spor o to, co slovo „vybuchnout" skutečně znamená.

O'Brien ha affermato che Thornton dovrebbe allentare la base ghiacciata della slitta.

O'Brien řekl, že Thornton by měl uvolnit zamrzlou základnu saní.

Buck potrebbe quindi "rompere" una partenza solida e immobile.

Buck se pak mohl „prorazit" z pevného, nehybného startu.

Matthewson sosteneva che anche il cane doveva liberare i corridori.

Matthewson argumentoval, že pes musí také osvobodit běžce.

Gli uomini che avevano sentito la scommessa concordavano con Matthewson.

Muži, kteří sázku slyšeli, souhlasili s Matthewsonovým názorem.

Con questa sentenza, le probabilità contro Buck salirono a tre a uno.

S tímto rozhodnutím se kurz zvýšil na tři ku jedné proti Buckovi.

Nessuno si fece avanti per accettare le crescenti quote di tre a uno.

Nikdo se nepostavil dopředu, aby využil rostoucího kurzu tři ku jedné.

Nessuno credeva che Buck potesse compiere la grande impresa.

Ani jeden muž nevěřil, že Buck dokáže takový velký čin.

Thornton era stato spinto a scommettere, pieno di dubbi.

Thorntona do sázky vtáhli spěchaně, zahlceného pochybnostmi.

Ora guardava la slitta e la muta di dieci cani accanto ad essa.

Teď se podíval na sáně a desetipsí spřežení vedle nich.

Vedere la realtà del compito lo faceva sembrare ancora più impossibile.

Skutečnost, s jakou se úkol potýkal, ho ještě více ztěžovala.

In quel momento Matthewson era pieno di orgoglio e sicurezza.

Matthewson byl v tu chvíli plný hrdosti a sebevědomí.

"Tre a uno!" urlò. "Ne scommetto altri mille, Thornton!

„Tři ku jedné!" křičel. „Vsadím se na další tisíc, Thorntone!"

"Cosa dici?" aggiunse, abbastanza forte da farsi sentire da tutti.

„Co říkáš?" dodal dostatečně hlasitě, aby ho všichni slyšeli.

Il volto di Thornton esprimeva i suoi dubbi, ma il suo spirito era sollevato.

Thorntonova tvář prozrazovala pochybnosti, ale jeho duch se povznesl.

Quello spirito combattivo ignorava le avversità e non temeva nulla.

Ten bojovný duch ignoroval překážky a nebál se vůbec ničeho.

Chiamò Hans e Pete perché portassero tutti i loro soldi al tavolo.

Zavolal Hanse a Peta, aby přinesli všechny své peníze ke stolu.

Non gli era rimasto molto altro: solo duecento dollari in tutto.

Zbývalo jim málo – dohromady jen dvě stě dolarů.

Questa piccola somma costituiva la loro intera fortuna nei momenti difficili.

Tato malá částka představovala jejich celkové jmění v těžkých časech.

Ciononostante puntarono tutta la loro fortuna contro la scommessa di Matthewson.

Přesto vsadili veškeré jmění proti Matthewsonově sázce.

La muta composta da dieci cani venne sganciata e allontanata dalla slitta.

Desetipsí spřežení bylo odvázáno a od saní se vzdálilo.

Buck venne messo alle redini, indossando la sua consueta imbracatura.

Buck byl posazen do otěží a měl na sobě svůj známý postroj.

Aveva colto l'energia della folla e ne aveva percepito la tensione.

Zachytil energii davu a cítil napětí.

In qualche modo sapeva che doveva fare qualcosa per John Thornton.

Nějak věděl, že pro Johna Thorntona musí něco udělat.

La gente mormorava ammirata di fronte alla figura fiera del cane.

Lidé s obdivem šeptali nad psí hrdou postavou.

Era magro e forte, senza un solo grammo di carne in più.

Byl štíhlý a silný, bez jediné unce masa navíc.

Il suo peso di centocinquanta chili era sinonimo di potenza e resistenza.

Jeho celková váha sto padesáti liber byla v podstatě síla a vytrvalost.

Il mantello di Buck brillava come la seta, denso di salute e forza.

Buckův kabát se třpytil jako hedvábí, hustý zdravím a silou.

La pelliccia sul collo e sulle spalle sembrava sollevarsi e drizzarsi.

Srst na krku a ramenou se mu zježila a naježila.

La sua criniera si muoveva leggermente, ogni capello era animato dalla sua grande energia.

Jeho hříva se lehce pohnula, každý vlas ožil jeho obrovskou energií.

Il suo petto ampio e le sue gambe forti si sposavano bene con la sua corporatura pesante e robusta.

Jeho široký hrudník a silné nohy ladily s jeho mohutnou, robustní postavou.

I muscoli si tesero sotto il cappotto, tesi e sodi come ferro legato.

Svaly pod jeho kabátem se vlnily, napjaté a pevné jako spoutané železo.

Gli uomini lo toccavano e giuravano che era fatto come una macchina d'acciaio.

Muži se ho dotýkali a přísahali, že je stavěný jako ocelový stroj.

Le probabilità contro il grande cane sono scese leggermente a due a uno.

Kurz mírně klesl na dva ku jedné proti skvělému psu.

Un uomo dei banchi di Skookum si fece avanti balbettando.

Muž ze Skookumových laviček se s koktáním protlačil vpřed.

"Bene, signore! Offro ottocento per lui... prima della prova, signore!"

„Dobře, pane! Nabízím za něj osm set – ještě před zkouškou, pane!"

"Ottocento, così com'è adesso!" insistette l'uomo.

„Osm set, jak teď stojí!" trval na svém muž.

Thornton fece un passo avanti, sorrise e scosse la testa con calma.

Thornton vystoupil vpřed, usmál se a klidně zavrtěl hlavou.

Matthewson intervenne rapidamente con tono ammonitore e aggrottando la fronte.

Matthewson rychle vstoupil varovným hlasem a zamračil se.

"Devi allontanarti da lui", disse. "Dagli spazio."

„Musíš od něj ustoupit," řekl. „Dej mu prostor."

La folla tacque; solo i giocatori continuavano a offrire due a uno.

Dav ztichl; jen hazardní hráči stále sázeli dva ku jedné.

Tutti ammiravano la corporatura di Buck, ma il carico sembrava troppo pesante.

Všichni obdivovali Buckovu stavbu těla, ale náklad vypadal příliš velký.

Venti sacchi di farina, ciascuno del peso di cinquanta libbre, sembravano decisamente troppi.

Dvacet pytlů mouky – každý o hmotnosti padesáti liber – se zdálo příliš mnoho.

Nessuno era disposto ad aprire la borsa e a rischiare i propri soldi.

Nikdo nebyl ochoten otevřít váček a riskovat své peníze.

Thornton si inginocchiò accanto a Buck e gli prese la testa tra entrambe le mani.

Thornton si klekl vedle Bucka a vzal mu hlavu do obou dlaní.

Premette la guancia contro quella di Buck e gli parlò all'orecchio.

Přitiskl tvář k Buckově a promluvil mu do ucha.

Non c'erano più né scossoni giocosi né insulti affettuosi sussurrati.

Teď už se neozvalo žádné hravé třásání ani šeptání láskyplných urážek.

Mormorò solo dolcemente: "Quanto mi ami, Buck."

Jen tiše zamumlal: „Stejně jako mě miluješ, Bucku."

Buck emise un gemito sommesso, trattenendo a stento la sua impazienza.

Buck tiše zakňučel, sotva potlačoval svou dychtivost.

Gli astanti osservavano con curiosità la tensione che aleggiava nell'aria.

Přihlížející se zvědavostí sledovali, jak se vzduchem šíří napětí.

Quel momento sembrava quasi irreale, qualcosa che trascendeva la ragione.

Ten okamžik se zdál téměř neskutečný, jako něco nerozumného.

Quando Thornton si alzò, Buck gli prese delicatamente la mano tra le fauci.

Když Thornton vstal, Buck mu jemně vzal ruku do čelistí.

Premette con i denti, poi lasciò andare lentamente e delicatamente.

Zatlačil zuby a pak pomalu a jemně pustil.

Fu una risposta silenziosa d'amore, non detta, ma compresa.

Byla to tichá odpověď lásky, ne vyřčená, ale pochopená.

Thornton si allontanò di molto dal cane e diede il segnale.

Thornton ustoupil daleko od psa a dal znamení.

"Ora, Buck", disse, e Buck rispose con calma concentrata.

„Tak, Bucku," řekl a Buck odpověděl se soustředěným klidem.

Buck tese le corde, poi le allentò di qualche centimetro.

Buck utáhl popruhy a pak je o pár centimetrů povolil.

Questo era il metodo che aveva imparato; il suo modo per rompere la slitta.

Tohle byla metoda, kterou se naučil; jeho způsob, jak rozbít sáně.

"Caspita!" urlò Thornton, con voce acuta nel silenzio pesante.

„Páni!" vykřikl Thornton ostrým hlasem v těžkém tichu.

Buck si girò verso destra e si lanciò con tutto il suo peso.

Buck se otočil doprava a celou svou vahou se vrhl dovnitř.

Il gioco svanì e tutta la massa di Buck colpì le timonerie strette.

Vůle zmizela a Buckova celá hmotnost dopadla na úzké kolejnice.

La slitta tremò e i pattini produssero un suono secco e scoppiettante.

Sáně se třásly a jezdce vydávaly ostrý praskavý zvuk.

"Haw!" ordinò Thornton, cambiando di nuovo direzione a Buck.

„Há!" zavelel Thornton a znovu změnil Buckův směr.

Buck ripeté la mossa, questa volta tirando bruscamente verso sinistra.

Buck zopakoval pohyb, tentokrát prudce zatáhl doleva.

La slitta scricchiolava più forte, i pattini schioccavano e si spostavano.

Sáně praskaly hlasitěji, kluzáky cvakaly a posouvaly se.

Il pesante carico scivolò leggermente di lato sulla neve ghiacciata.

Těžký náklad se mírně posouval do strany po zmrzlém sněhu.

La slitta si era liberata dalla presa del sentiero ghiacciato!

Sáně se vytrhly ze sevření zledovatělé stezky!

Gli uomini trattennero il respiro, inconsapevoli di non stare nemmeno respirando.

Muži zadržovali dech, aniž by si uvědomovali, že ani nedýchají.

"Ora, TIRA!" gridò Thornton nel silenzio glaciale.

„A teď TAHNI!" zvolal Thornton mrazivým tichem.

Il comando di Thornton risuonò netto, come lo schiocco di una frusta.

Thorntonův rozkaz zazněl ostře, jako prásknutí bičem.

Buck si lanciò in avanti con un affondo violento e violento.

Buck se prudkým a prudkým výpadem vrhl vpřed.

Tutto il suo corpo si irrigidì e si contrasse sotto l'enorme sforzo.

Celé jeho tělo se napjalo a shrblo při vypětí všech sil.

I muscoli si muovevano sotto la pelliccia come serpenti che prendevano vita.

Svaly se mu pod srstí vlnily jako ožívající hadi.

Il suo grande petto era basso e la testa era protesa in avanti verso la slitta.

Jeho mohutná hruď byla nízká, hlava natažená dopředu k saním.

Le sue zampe si muovevano come fulmini e gli artigli
fendevano il terreno ghiacciato.
Jeho tlapky se pohybovaly jako blesk, drápy řezaly do zmrzlé
země.
I solchi erano profondi mentre lottava per ogni centimetro di
trazione.
Drážky se mu vyřezávaly hluboko, zatímco bojoval o každý
centimetr trakce.
La slitta ondeggiò, tremò e cominciò a muoversi lentamente
e in modo inquieto.
Sáně se zakymácely, chvěly a začaly se pomalu a nejistě
pohybovat.
Un piede scivolò e un uomo tra la folla gemette ad alta voce.
Jedna noha mu uklouzla a muž v davu hlasitě zasténal.
Poi la slitta si lanciò in avanti con un movimento brusco e a
scatti.
Pak se sáně trhavým, drsným pohybem vrhly vpřed.
Non si fermò più: mezzo pollice...un pollice...cinque pollici
in più.
Znovu se to nezastavilo – o půl palce… o palec… o dva palce
víc.
Gli scossoni si fecero più lievi man mano che la slitta
cominciava ad acquistare velocità.
Trhání se zmenšovalo, jak sáně začaly nabírat rychlost.
Presto Buck cominciò a tirare con una potenza fluida e
uniforme.
Buck brzy táhl s hladkou, rovnoměrnou a valivou silou.
Gli uomini sussultarono e finalmente si ricordarono di
respirare di nuovo.
Muži zalapali po dechu a konečně si vzpomněli, že se mají
znovu nadechnout.
Non si erano accorti che il loro respiro si era fermato per lo
stupore.
Nevšimli si, že se jim úžasem zastavil dech.
Thornton gli corse dietro, gridando comandi brevi e allegri.
Thornton běžel za ním a vykřikoval krátké, veselé povely.

Davanti a noi c'era una catasta di legna da ardere che segnava la distanza.

Před námi byla hromada dříví, která označovala vzdálenost.

Mentre Buck si avvicinava al mucchio, gli applausi diventavano sempre più forti.

Jak se Buck blížil k hromadě, jásot byl stále hlasitější a hlasitější.

Gli applausi crebbero fino a diventare un boato quando Buck superò il traguardo.

Jásot přerostl v řev, když Buck prošel konečnou stanicí.

Gli uomini saltarono e gridarono, perfino Matthewson sorrise.

Muži skákali a křičeli, dokonce i Matthewson se usmál.

I cappelli volavano in aria e i guanti venivano lanciati senza pensarci o mirare.

Klobouky létaly do vzduchu, palčáky byly bezmyšlenkovitě a bezcílně pohazovány.

Gli uomini si afferrarono e si strinsero la mano senza sapere chi.

Muži se navzájem chytili a potřásli si rukama, aniž by věděli komu.

Tutta la folla era in delirio, in un tripudio di gioia e di entusiasmo.

Celý dav bzučel divokou, radostnou oslavou.

Thornton cadde in ginocchio accanto a Buck con le mani tremanti.

Thornton klesl s třesoucíma se rukama na kolena vedle Bucka.

Premette la testa contro quella di Buck e lo scosse delicatamente avanti e indietro.

Přitiskl hlavu k Buckově a jemně s ním zatřásl sem a tam.

Chi si avvicinava lo sentiva maledire il cane con amore silenzioso.

Ti, kdo se přiblížili, ho slyšeli, jak s tichou láskou psa proklínal.

Imprecò a lungo contro Buck, con dolcezza, calore, emozione.

Dlouho Bucka zaklel – tiše, vřele, s dojetím.

"Bene, signore! Bene, signore!" esclamò di corsa il re della panchina di Skookum.

„Výborně, pane! Výborně, pane!" zvolal spěšně král Skookumské lavičky.

"Le darò mille, anzi milleduecento, per quel cane, signore!"

„Dám vám za toho psa tisíc – ne, dvanáct set – pane!"

Thornton si alzò lentamente in piedi, con gli occhi brillanti di emozione.

Thornton se pomalu zvedl na nohy, oči mu zářily emocemi.

Le lacrime gli rigavano le guance senza alcuna vergogna.

Slzy mu stékaly po tvářích proudem, aniž by se za to styděl.

"Signore", disse al re della panchina di Skookum, con fermezza e fermezza

„Pane," řekl králi Skookumské lavičky klidně a pevně

"No, signore. Può andare all'inferno, signore. Questa è la mia risposta definitiva."

„Ne, pane. Můžete jít do pekla, pane. To je moje konečná odpověď."

Buck afferrò delicatamente la mano di Thornton tra le sue forti mascelle.

Buck jemně chytil Thorntonovu ruku do svých silných čelistí.

Thornton lo scosse scherzosamente; il loro legame era più profondo che mai.

Thornton s ním hravě zatřásl, jejich pouto bylo hluboké jako vždy.

La folla, commossa dal momento, fece un passo indietro in silenzio.

Dav, dojat okamžikem, mlčky ustoupil.

Da quel momento in poi nessuno osò più interrompere un affetto così sacro.

Od té doby se nikdo neodvážil přerušit tuto posvátnou náklonnost.

Il suono della chiamata
Zvuk volání

Buck aveva guadagnato milleseicento dollari in cinque minuti.

Buck si za pět minut vydělal šestnáct set dolarů.

Il denaro permise a John Thornton di saldare alcuni dei suoi debiti.

Peníze umožnily Johnu Thorntonovi splatit část jeho dluhů.

Con il resto del denaro si diresse verso est insieme ai suoi soci.

Se zbytkem peněz se se svými partnery vydal na východ.

Cercarono una leggendaria miniera perduta, antica quanto il paese stesso.

Hledali bájný ztracený důl, starý jako samotná země.

Molti uomini avevano cercato la miniera, ma pochi l'avevano trovata.

Mnoho mužů hledalo důl, ale jen málokdo ho našel.

Molti uomini erano scomparsi durante la pericolosa ricerca.

Během nebezpečné výpravy zmizelo více než několik mužů.

Questa miniera perduta era avvolta nel mistero e nella vecchia tragedia.

Tento ztracený důl byl zahalen záhadou i starou tragédií.

Nessuno sapeva chi fosse stato il primo uomo a scoprire la miniera.

Nikdo nevěděl, kdo byl prvním mužem, který důl objevil.

Le storie più antiche non menzionano nessuno per nome.

Nejstarší příběhy nezmiňují nikoho jménem.

Lì c'era sempre stata una vecchia capanna fatiscente.

Vždycky tam stávala stará zchátralá chata.

I moribondi avevano giurato che vicino a quella vecchia capanna ci fosse una miniera.

Umírající muži přísahali, že vedle té staré chaty je důl.

Hanno dimostrato le loro storie con un oro che non ha eguali altrove.

Své příběhy dokázali zlatem, jaké se jinde nenajde.

Nessuna anima viva aveva mai saccheggiato il tesoro da quel luogo.

Nikdo živý nikdy poklad z toho místa neukradl.

I morti erano morti e i morti non raccontano storie.

Mrtví byli mrtví a mrtví muži nevyprávějí žádné příběhy.

Così Thornton e i suoi amici si diressero verso Est.

Thornton a jeho přátelé se tedy vydali na Východ.

Si unirono a noi Pete e Hans, portando con sé Buck e sei cani robusti.

Pete a Hans se přidali a přivedli Bucka a šest silných psů.

Si avviarono lungo un sentiero sconosciuto dove altri avevano fallito.

Vydali se neznámou cestou, kde jiní selhali.

Percorsero in slitta settanta miglia lungo il fiume Yukon ghiacciato.

Sáňkovali sedmdesát mil proti proudu zamrzlé řeky Yukon.

Girarono a sinistra e seguirono il sentiero verso lo Stewart.

Odbočili doleva a šli po stezce do řeky Stewart.

Superarono il Mayo e il McQuestion e proseguirono oltre.

Minuli Mayo a McQuestion a pokračovali dál.

Lo Stewart si restringeva fino a diventare un ruscello, infilandosi tra cime frastagliate.

Řeka Stewart se zmenšila do potoka, vinoucího se mezi rozeklanými vrcholky.

Queste vette aguzze rappresentavano la spina dorsale del continente.

Tyto ostré vrcholy označovaly samotnou páteř kontinentu.

John Thornton pretendeva poco dagli uomini e dalla terra selvaggia.

John Thornton od mužů i divočiny málo požadoval.

Non temeva nulla della natura e affrontava la natura selvaggia con disinvoltura.

V přírodě se ničeho nebál a divočině čelil s lehkostí.

Con solo del sale e un fucile poteva viaggiare dove voleva.

Jen se solí a puškou mohl cestovat, kam chtěl.

Come gli indigeni, durante il viaggio cacciava per procurarsi il cibo.

Stejně jako domorodci lovil potravu během své cesty.

Se non prendeva nulla, continuava ad andare avanti, confidando nella fortuna che lo attendeva.

Pokud nic nechytil, pokračoval dál a důvěřoval štěstí.

Durante questo lungo viaggio, la carne era l'alimento principale di cui si nutrivano.

Na této dlouhé cestě jedli hlavně maso.

La slitta trasportava attrezzi e munizioni, ma non c'era un orario preciso.

Saně nesly nářadí a munici, ale žádný přísný časový harmonogram nebyl stanoven.

Buck amava questo vagabondare, la caccia e la pesca senza fine.

Buck miloval toto putování; nekonečný lov a rybaření.

Per settimane viaggiarono senza sosta, giorno dopo giorno.

Týdny cestovali den za dnem.

Altre volte si accampavano e restavano fermi per settimane.

Jindy si postavili tábory a zůstávali v klidu celé týdny.

I cani riposarono mentre gli uomini scavavano nel terreno ghiacciato.

Psi odpočívali, zatímco muži se prohrabávali zmrzlou hlínou.

Scaldavano le padelle sul fuoco e cercavano l'oro nascosto.

Ohřívali pánve na ohni a hledali skryté zlato.

C'erano giorni in cui pativano la fame, altri in cui banchettavano.

Některé dny hladověli a některé dny měli hostiny.

Il loro pasto dipendeva dalla selvaggina e dalla fortuna della caccia.

Jejich jídlo záviselo na zvěři a štěstí při lovu.

Con l'arrivo dell'estate, uomini e cani caricavano carichi sulle spalle.

Když přišlo léto, muži a psi si naložili na záda náklady.

Fecero rafting sui laghi azzurri nascosti nelle foreste di montagna.

Splavovali modré jezera skryté v horských lesích na raftech.

Navigavano su imbarcazioni sottili su fiumi che nessun uomo aveva mai mappato.

Pluli na štíhlých člunech po řekách, které ještě nikdo nezmapoval.

Quelle barche venivano costruite con gli alberi che avevano segato in natura.

Ty lodě byly postaveny ze stromů, které řezali ve volné přírodě.

Passarono i mesi e loro viaggiarono attraverso terre selvagge e sconosciute.

Měsíce plynuly a oni se klikatili divokými neznámými kraji.

Non c'erano uomini lì, ma vecchie tracce lasciavano intendere che alcuni di loro fossero presenti.

Nebyli tam žádní muži, přesto staré stopy naznačovaly, že tam muži byli.

Se la Capanna Perduta fosse esistita davvero, allora altre persone in passato erano passate da lì.

Pokud Ztracená chata existovala, pak tudy kdysi prošli i jiní.

Attraversavano passi alti durante le bufere di neve, anche d'estate.

Překračovali vysoké průsmyky ve vánicích, a to i v létě.

Rabbrividivano sotto il sole di mezzanotte sui pendii brulli delle montagne.

Třásli se pod půlnočním sluncem na holých horských svazích.

Tra il limite degli alberi e i campi di neve, salivano lentamente.

Mezi hranicí lesa a sněhovými poli pomalu stoupali.

Nelle valli calde, scacciavano nuvole di moscerini e mosche.

V teplých údolích odháněli mraky komárů a much.

Raccolsero bacche dolci vicino ai ghiacciai nel pieno della fioritura estiva.

Sbírali sladké bobule poblíž ledovců v plném letním květu.

I fiori che trovarono erano belli quanto quelli del Southland.

Květiny, které našli, byly stejně krásné jako ty v Jihu.

Quell'autunno giunsero in una regione solitaria piena di laghi silenziosi.

Toho podzimu dorazili do opuštěné oblasti plné tichých jezer.

La terra era triste e vuota, un tempo brulicava di uccelli e animali.

Země byla smutná a prázdná, kdysi plná ptáků a zvířat.

Ora non c'era più vita, solo il vento e il ghiaccio che si formava nelle pozze.

Teď už tam nebyl žádný život, jen vítr a led tvořivý v tůních.

Le onde lambivano le rive deserte con un suono dolce e lugubre.

Vlny se s tichým, truchlivým zvukem tříštily o prázdné břehy.

Arrivò un altro inverno e loro seguirono di nuovo deboli e vecchi sentieri.

Přišla další zima a oni se opět vydali po slabých, starých stezkách.

Erano le tracce di uomini che avevano cercato molto prima di loro.

To byly stezky mužů, kteří hledali dávno před nimi.

Una volta trovarono un sentiero che si inoltrava nel profondo della foresta oscura.

Jednou našli stezku vytesanou hluboko do temného lesa.

Era un vecchio sentiero e sentivano che la baita perduta era vicina.

Byla to stará stezka a měli pocit, že ztracená chata je blízko.

Ma il sentiero non portava da nessuna parte e si perdeva nel fitto del bosco.

Ale stezka nikam nevedla a mizela v hustém lese.

Nessuno sapeva chi avesse tracciato il sentiero e perché lo avesse fatto.

Kdokoli stezku vybudoval a proč ji vybudoval, nikdo nevěděl.

Più tardi trovarono i resti di una capanna nascosta tra gli alberi.

Později našli mezi stromy ukrytou trosku chaty.

Coperte marce erano sparse dove un tempo qualcuno aveva dormito.

Tam, kde kdysi někdo spal, ležely rozházené tlející deky.

John Thornton trovò sepolto all'interno un fucile a pietra focaia a canna lunga.

John Thornton našel uvnitř zakopanou křesadlovou zbraň s dlouhou hlavní.

Sapeva fin dai primi tempi che si trattava di un cannone della Hudson Bay.

Věděl, že se jedná o dělo z Hudsonova zálivu, už z raných dob obchodování.

A quei tempi, tali armi venivano barattate con pile di pelli di castoro.

V těch dobách se takové zbraně vyměňovaly za hromady bobřích kůží.

Questo era tutto: non rimaneva alcuna traccia dell'uomo che aveva costruito la loggia.

To bylo vše – nezůstala žádná stopa po muži, který chatu postavil.

Arrivò di nuovo la primavera e non trovarono traccia della Capanna Perduta.

Jaro přišlo znovu a po Ztracené chatě nenašli ani stopu.

Invece trovarono un'ampia valle con un ruscello poco profondo.

Místo toho našli široké údolí s mělkým potokem.

L'oro si stendeva sul fondo della pentola come burro giallo e liscio.

Zlato leželo na dně pánve jako hladké, žluté máslo.

Si fermarono lì e non cercarono oltre la cabina.

Zastavili se tam a dál chatu nehledali.

Ogni giorno lavoravano e ne trovavano migliaia di pezzi in polvere d'oro.

Každý den pracovali a našli tisíce ve zlatém prachu.

Confezionarono l'oro in sacchi di pelle di alce, da cinquanta libbre ciascuno.

Zlato balili do pytlů z losí kůže, každý o hmotnosti padesáti liber.

I sacchi erano accatastati come legna da ardere fuori dal loro piccolo rifugio.

Pytle byly naskládány jako dříví před jejich malou chatkou.

Lavoravano come giganti e i giorni trascorrevano veloci come sogni.

Pracovali jako obři a dny ubíhaly jako rychlé sny.

Accumularono tesori mentre gli infiniti giorni trascorrevano rapidamente.

Hromadili poklady, zatímco nekonečné dny rychle ubíhaly.

I cani avevano ben poco da fare, se non trasportare la carne di tanto in tanto.

Psi neměli moc co dělat, kromě toho, že občas tahali maso.

Thornton cacciò e uccise la selvaggina, mentre Buck si sdraiò accanto al fuoco.

Thornton lovil a zabíjel zvěř a Buck ležel u ohně.

Trascorse lunghe ore in silenzio, perso nei pensieri e nei ricordi.

Trávil dlouhé hodiny v tichu, ztracen v myšlenkách a vzpomínkách.

L'immagine dell'uomo peloso tornava sempre più spesso alla mente di Buck.

Obraz chlupatého muže se Buckovi stále častěji vybavoval.

Ora che il lavoro scarseggiava, Buck sognava mentre sbatteva le palpebre verso il fuoco.

Teď, když bylo práce málo, Buck snil a mrkal do ohně.

In quei sogni, Buck vagava con l'uomo in un altro mondo.

V těch snech se Buck s mužem toulal v jiném světě.

La paura sembrava il sentimento più forte in quel mondo lontano.

Strach se zdál být nejsilnějším pocitem v tom vzdáleném světě.

Buck vide l'uomo peloso dormire con la testa bassa.

Buck viděl chlupatého muže spát se skloněnou hlavou.

Aveva le mani giunte e il suo sonno era agitato e interrotto.

Měl sepjaté ruce a spánek neklidný a přerušovaný.

Si svegliava di soprassalto e fissava il buio con timore.

S trhnutím se probouzel a s hrůzou zíral do tmy.

Poi aggiungeva altra legna al fuoco per mantenere viva la fiamma.

Pak přihodil do ohně další dřevo, aby plameny jasně hořely.

A volte camminavano lungo una spiaggia in riva a un mare grigio e infinito.

Někdy se procházeli po pláži u šedého, nekonečného moře.

L'uomo peloso raccolse i frutti di mare e li mangiò mentre camminava.

Chlupatý muž sbíral korýše a jedl je za pochodu.

I suoi occhi cercavano sempre pericoli nascosti nell'ombra.

Jeho oči neustále hledaly skrytá nebezpečí ve stínech.

Le sue gambe erano sempre pronte a scattare al primo segno di minaccia.

Jeho nohy byly vždy připravené k útěku při prvním náznaku ohrožení.

Avanzavano furtivamente nella foresta, silenziosi e cauti, uno accanto all'altro.

Plížili se lesem, tiší a ostražití, bok po boku.

Buck lo seguì alle calcagna, ed entrambi rimasero all'erta.

Buck ho následoval v patách a oba zůstali ve střehu.

Le loro orecchie si muovevano e si contraevano, i loro nasi fiutavano l'aria.

Uši se jim škubaly a hýbaly, nosy čichaly vzduch.

L'uomo riusciva a sentire e ad annusare la foresta in modo altrettanto acuto quanto Buck.

Muž slyšel a cítil les stejně ostře jako Buck.

L'uomo peloso si lanciò tra gli alberi a velocità improvvisa.

Chlupatý muž se s náhlou rychlostí prohnal mezi stromy.

Saltava da un ramo all'altro senza mai perdere la presa.

Skákal z větve na větev a nikdy se nenechal unést.

Si muoveva con la stessa rapidità con cui si muoveva sopra e sopra il terreno.

Pohyboval se nad zemí stejně rychle jako po ní.

Buck ricordava le lunghe notti passate sotto gli alberi a fare la guardia.

Buck si vzpomněl na dlouhé noci pod stromy, kdy hlídal.

L'uomo dormiva appollaiato sui rami, aggrappandosi forte.

Muž spal schoulený ve větvích a pevně se jich držel.

Questa visione dell'uomo peloso era strettamente legata al richiamo profondo.

Tato vize chlupatého muže byla úzce spjata s hlubokým voláním.

Il richiamo risuonava ancora nella foresta con una forza inquietante.

Volání stále znělo lesem s děsivou silou.

La chiamata riempì Buck di desiderio e di un inquieto senso di gioia.

Hovor naplnil Bucka touhou a neklidným pocitem radosti.

Sentì strani impulsi e stimoli a cui non riusciva a dare un nome.

Cítil zvláštní nutkání a podněty, které nedokázal pojmenovat.

A volte seguiva la chiamata inoltrandosi nel silenzio dei boschi.

Někdy následoval volání hluboko do tichého lesa.

Cercava il richiamo, abbaiando piano o bruscamente mentre camminava.

Hledal volání a cestou štěkal tiše nebo ostře.

Annusò il muschio e il terreno nero dove cresceva l'erba.

Čichal k mechu a černé půdě, kde rostly trávy.

Sbuffò di piacere sentendo i ricchi odori della terra profonda.

S potěšením si odfrkl nad bohatou vůní hlubin země.

Rimase accovacciato per ore dietro i tronchi ricoperti di funghi.

Hodiny se krčil za kmeny pokrytými houbami.

Rimase immobile, ascoltando con gli occhi sgranati ogni minimo rumore.

Zůstal bez hnutí a s vytřeštěnýma očima naslouchal každému sebemenšímu zvuku.

Forse sperava di sorprendere la cosa che aveva emesso la chiamata.

Možná doufal, že překvapí tu věc, která zavolala.

Non sapeva perché si comportava in quel modo: lo faceva e basta.

Nevěděl, proč se tak chová – prostě se choval.

Questi impulsi provenivano dal profondo, al di là del pensiero o della ragione.

Touhy vycházely z hloubi nitra, zpoza myšlení nebo rozumu.

Buck fu colto da impulsi irresistibili, senza preavviso o motivo.

Bucka se bez varování a bezdůvodně zmocnily neodolatelné nutkání.

A volte sonnecchiava pigramente nell'accampamento, sotto il caldo di mezzogiorno.

Občas lenivě dříml v táboře v poledním horku.

All'improvviso sollevò la testa e le sue orecchie si drizzarono in allerta.

Najednou zvedl hlavu a nastražil uši.

Poi balzò in piedi e si lanciò nella natura selvaggia senza fermarsi.

Pak vyskočil a bez zaváhání se rozběhl do divočiny.

Corse per ore attraverso sentieri forestali e spazi aperti.

Běhal celé hodiny lesními cestami a otevřenými prostranstvími.

Amava seguire i letti asciutti dei torrenti e spiare gli uccelli sugli alberi.

Rád sledoval vyschlá koryta potoků a pozoroval ptáky ve stromech.

Poteva restare nascosto tutto il giorno, osservando le pernici che si pavoneggiavano in giro.

Mohl by ležet schovaný celý den a pozorovat koroptve, jak se procházejí kolem.

Suonavano i tamburi e marciavano, ignari della presenza immobile di Buck.

Bubnovali a pochodovali, aniž by si uvědomovali Buckovu stále přítomnou přítomnost.

Ma ciò che amava di più era correre al crepuscolo estivo.

Ale nejvíc miloval běhání za soumraku v létě.

La luce fioca e i suoni assonnati della foresta lo riempivano di gioia.

Tlumené světlo a ospalé lesní zvuky ho naplňovaly radostí.

Leggeva i cartelli della foresta con la stessa chiarezza con cui un uomo legge un libro.

Četl lesní cedule stejně jasně, jako člověk čte knihu.

E cercava sempre la strana cosa che lo chiamava.

A neustále hledal tu podivnou věc, která ho volala.

Quella chiamata non si è mai fermata: lo raggiungeva sia da sveglio che nel sonno.

To volání nikdy nepřestávalo – doléhalo k němu, ať už byl vzhůru, nebo spal.

Una notte si svegliò di soprassalto, con gli occhi acuti e le orecchie tese.

Jednou v noci se s trhnutím probudil, s bystrýma očima a nastraženýma ušima.

Le sue narici si contrassero mentre la sua criniera si rizzava in onde.

Nozdry se mu škubaly, když se mu hříva ježila ve vlnách.

Dal profondo della foresta giunse di nuovo quel suono, il vecchio richiamo.

Z hlubin lesa se znovu ozval zvuk, to staré volání.

Questa volta il suono risuonò chiaro, un ululato lungo, inquietante e familiare.

Tentokrát zvuk zazněl jasně, dlouhé, pronikavé, známé vytí.

Era come il verso di un husky, ma dal tono strano e selvaggio.

Bylo to jako křik chraplavého psa, ale podivného a divokého tónu.

Buck riconobbe subito quel suono: lo aveva già sentito molto tempo prima.

Buck ten zvuk poznal hned – přesně ten samý zvuk slyšel už dávno.

Attraversò con un balzo l'accampamento e scomparve rapidamente nel bosco.

Proskočil táborem a rychle zmizel v lese.

Avvicinandosi al suono, rallentò e si mosse con cautela.

Jak se blížil k zvuku, zpomalil a pohyboval se opatrně.

Presto raggiunse una radura tra fitti pini.

Brzy dorazil na mýtinu mezi hustými borovicemi.

Lì, ritto sulle zampe posteriori, sedeva un lupo grigio alto e magro.

Tam, vzpřímeně na zadek, seděl vysoký, štíhlý lesní vlk.

Il naso del lupo puntava verso il cielo, continuando a riecheggiare il richiamo.

Vlčí čumák směřoval k nebi a stále se ozýval ozvěnou volání.

Buck non aveva emesso alcun suono, eppure il lupo si fermò e ascoltò.

Buck nevydal ani hlásku, přesto se vlk zastavil a naslouchal.

Percependo qualcosa, il lupo si irrigidì e scrutò l'oscurità.

Vlk něco vycítil, napjal se a prohledával tmu.

Buck si fece avanti furtivamente, con il corpo basso e i piedi ben appoggiati al terreno.

Buck se vplížil do zorného pole, tělo při zemi, nohy tiše stály na zemi.

La sua coda era dritta e il suo corpo era teso e teso.

Ocas měl rovný a tělo napjaté napětím.

Manifestava sia un atteggiamento minaccioso che una sorta di rude amicizia.

Projevoval zároveň hrozbu i jakési drsné přátelství.

Era il saluto cauto tipico delle bestie selvatiche.

Byl to ostražitý pozdrav, jaký sdílejí divoká zvířata.

Ma il lupo si voltò e fuggì non appena vide Buck.

Ale vlk se otočil a utekl, jakmile spatřil Bucka.

Buck si lanciò all'inseguimento, saltando selvaggiamente, desideroso di raggiungerlo.

Buck se dal za ním, divoce poskakoval a dychtivě ho dohonil.

Seguì il lupo in un ruscello secco bloccato da un ingorgo di tronchi.

Následoval vlka do vyschlého potoka zablokovaného dřevěným závalem.

Messo alle strette, il lupo si voltò e rimase fermo.

Zahnaný do kouta, vlk se otočil a zůstal stát na místě.

Il lupo ringhiò e schioccò i denti come un husky intrappolato in una rissa.

Vlk vrčel a štěkal jako chycený husky v boji.

I denti del lupo schioccarono rapidamente e il suo corpo si irrigidì per la furia selvaggia.

Vlčí zuby rychle cvakaly a jeho tělo se ježilo divokou zuřivostí.

Buck non attaccò, ma girò intorno al lupo con attenta cordialità.

Buck nezaútočil, ale s opatrnou a přátelskou péčí vlka obešel.

Cercò di bloccargli la fuga con movimenti lenti e innocui.

Snažil se mu zabránit v útěku pomalými, neškodnými pohyby.

Il lupo era cauto e spaventato: Buck lo superava di peso tre volte.

Vlk byl ostražitý a vyděšený – Buck ho třikrát převažoval.

La testa del lupo arrivava a malapena all'altezza della spalla massiccia di Buck.

Vlčí hlava sotva dosahovala Buckovi k mohutnému rameni.

Il lupo, attento a individuare un varco, si lanciò e l'inseguimento ricominciò.

Vlk hledal mezeru, dal se na útěk a honička se znovu rozpoutala.

Buck lo mise alle strette più volte e la danza si ripeté.

Buck ho několikrát zahnal do kouta a tanec se opakoval.

Il lupo era magro e debole, altrimenti Buck non avrebbe potuto catturarlo.

Vlk byl hubený a slabý, jinak by ho Buck nemohl chytit.

Ogni volta che Buck si avvicinava, il lupo si girava di scatto e lo affrontava spaventato.

Pokaždé, když se Buck přiblížil, vlk se otočil a s hrůzou se k němu postavil.

Poi, alla prima occasione, si precipitò di nuovo nel bosco.

Pak se při první příležitosti znovu rozběhl do lesa.

Ma Buck non si arrese e alla fine il lupo imparò a fidarsi di lui.

Ale Buck se nevzdal a vlk mu nakonec začal důvěřovat.

Annusò il naso di Buck e i due diventarono giocosi e attenti.

Čichl Buckovi k nosu a oba si hravě začali hrát a byli ostražití.

Giocavano come animali selvaggi, feroci ma timidi nella loro gioia.

Hráli si jako divoká zvířata, divocí, ale zároveň plachí ve své radosti.

Dopo un po' il lupo trotterellò via con calma e decisione.

Po chvíli vlk s klidným a odhodlaným úmyslem odklusal pryč.

Dimostrò chiaramente a Buck che intendeva essere seguito.

Jasně Buckovi ukázal, že má v úmyslu být sledován.

Correvano fianco a fianco nel buio della sera.

Běželi bok po boku šerem soumraku.

Seguirono il letto del torrente fino alla gola rocciosa.

Sledovali koryto potoka vzhůru do skalnaté rokle.

Attraversarono un freddo spartiacque nel punto in cui aveva avuto origine il fiume.

Překročili chladnou předěl, kde pramenil potok.

Sul pendio più lontano trovarono un'ampia foresta e molti corsi d'acqua.

Na protějším svahu našli rozlehlý les a mnoho potoků.

Corsero per ore senza fermarsi attraverso quella terra immensa.

Touto rozlehlou zemí běželi celé hodiny bez zastavení.

Il sole saliva sempre più alto, l'aria si faceva calda, ma loro continuavano a correre.

Slunce stoupalo výš, vzduch se oteploval, ale oni běželi dál.

Buck era pieno di gioia: sapeva di aver risposto alla sua chiamata.

Bucka naplňovala radost – věděl, že odpovídá na své volání.

Corse accanto al fratello della foresta, più vicino alla fonte della chiamata.

Běžel vedle svého lesního bratra, blíž ke zdroji volání.

I vecchi sentimenti ritornano, potenti e difficili da ignorare.

Staré city se vrátily, silné a těžko ignorovatelné.

Queste erano le verità nascoste nei ricordi dei suoi sogni.

To byly pravdy skryté za vzpomínkami z jeho snů.

Tutto questo lo aveva già fatto in un mondo lontano e oscuro.

Tohle všechno už předtím dělal ve vzdáleném a temném světě.

Questa volta lo fece di nuovo, scatenandosi con il cielo aperto sopra di lui.

Teď to udělal znovu, divoce pobíhal pod širým nebem nad sebou.

Si fermarono presso un ruscello per bere l'acqua fredda che scorreva.

Zastavili se u potoka, aby se napili ze studené tekoucí vody.

Mentre beveva, Buck si ricordò improvvisamente di John Thornton.

Zatímco pil, Buck si náhle vzpomněl na Johna Thorntona.

Si sedette in silenzio, lacerato dal sentimento di lealtà e dalla chiamata.

Mlčky se posadil, zmítán touhou loajality a povolání.

Il lupo continuò a trottare, ma tornò indietro per incitare Buck ad andare avanti.

Vlk klusal dál, ale vrátil se a pobídl Bucka vpřed.

Gli annusò il naso e cercò di convincerlo con gesti gentili.

Očechral si nos a jemnými gesty se ho snažil přemluvit.

Ma Buck si voltò e riprese a tornare indietro per la strada da cui era venuto.

Ale Buck se otočil a vydal se zpět stejnou cestou, jakou přišel.

Il lupo gli corse accanto per molto tempo, guaindo piano.

Vlk dlouho běžel vedle něj a tiše kňučel.

Poi si sedette, alzò il naso ed emise un lungo ululato.

Pak se posadil, zvedl čumák a vydal dlouze zavytí.

Era un grido lugubre, che si addolcì mentre Buck si allontanava.

Byl to truchlivý výkřik, který slábl, jak Buck odcházel.

Buck ascoltò mentre il suono del grido svaniva lentamente nel silenzio della foresta.

Buck poslouchal, jak zvuk křiku pomalu doznívá v lesním tichu.

John Thornton stava cenando quando Buck irruppe nell'accampamento.

John Thornton jedl večeři, když Buck vtrhl do tábora.

Buck gli saltò addosso selvaggiamente, leccandolo, mordendolo e facendolo rotolare.

Buck na něj divoce skočil, olizoval ho, kousal a převaloval ho.

Lo fece cadere, gli saltò sopra e gli baciò il viso.

Srazil ho k zemi, vyšplhal se na něj a políbil ho na tvář.

Thornton lo definì con affetto "fare il buffone".

Thornton to s láskou nazval „hráním si na obecného blázna".

Nel frattempo, imprecava dolcemente contro Buck e lo scuoteva avanti e indietro.

Celou dobu Bucka jemně proklínal a třásl s ním sem a tam.

Per due interi giorni e due notti, Buck non lasciò l'accampamento nemmeno una volta.

Celé dva dny a noci Buck ani jednou neopustil tábor.

Si teneva vicino a Thornton e non lo perdeva mai di vista.

Držel se blízko Thorntona a nikdy ho nespouštěl z dohledu.

Lo seguiva mentre lavorava e lo osservava mentre mangiava.

Sledoval ho, když pracoval, a pozoroval ho, zatímco jedl.

Di notte vedeva Thornton avvolto nelle sue coperte e ogni mattina lo vedeva uscire.

Večer viděl Thorntona zahaleného do dek a každé ráno venku.

Ma presto il richiamo della foresta ritornò, più forte che mai.

Ale brzy se lesní volání vrátilo, hlasitější než kdy dřív.

Buck si sentì di nuovo irrequieto, agitato dal pensiero del lupo selvatico.

Buck se znovu znervózňoval, pohnut myšlenkami na divokého vlka.

Ricordava la terra aperta e le corse fianco a fianco.

Vzpomněl si na otevřenou krajinu a na běh bok po boku.

Ricominciò a vagare nella foresta, solo e vigile.

Znovu se vydal na cestu lesem, sám a ostražitý.

Ma il fratello selvaggio non tornò e l'ululato non fu udito.

Ale divoký bratr se nevrátil a vytí nebylo slyšet.

Buck cominciò a dormire all'aperto, restando lontano anche per giorni interi.

Buck začal spát venku a zůstával pryč i celé dny.

Una volta attraversò l'alto spartiacque dove aveva origine il torrente.

Jednou překročil vysoký rozvodí, kde pramenil potok.

Entrò nella terra degli alberi scuri e dei grandi corsi d'acqua.

Vstoupil do země temných lesů a širokých potoků.

Vagò per una settimana alla ricerca di tracce del fratello selvaggio.

Týden se toulal a hledal známky svého divokého bratra.

Uccideva la propria carne e viaggiava a passi lunghi e instancabili.

Zabíjel si vlastní maso a cestoval dlouhými, neúnavnými kroky.

Pescò salmoni in un ampio fiume che arrivava fino al mare.

Lovil lososy v široké řece, která sahala do moře.

Lì lottò e uccise un orso nero reso pazzo dagli insetti.

Tam bojoval a zabil černého medvěda rozzuřeného brouky.

L'orso stava pescando e corse alla cieca tra gli alberi.

Medvěd lovil ryby a poslepu běžel mezi stromy.

La battaglia fu feroce e risvegliò il profondo spirito combattivo di Buck.

Bitva byla nelítostná a probudila Buckovu hlubokou bojovnost.

Due giorni dopo, Buck tornò e trovò dei ghiottoni nei pressi della sua preda.

O dva dny později se Buck vrátil a u své kořisti našel rosomáky.

Una dozzina di loro litigarono furiosamente e rumorosamente per la carne.

Tucet z nich se hlučně a zuřivě hádalo o maso.

Buck caricò e li disperse come foglie al vento.

Buck se na ně vrhl a rozptýlil je jako listí ve větru.

Due lupi rimasero indietro: silenziosi, senza vita e immobili per sempre.

Dva vlci zůstali pozadu – tiší, bez života a navždy nehybní.

La sete di sangue divenne più forte che mai.

Žízeň po krvi byla silnější než kdy dřív.

Buck era un cacciatore, un assassino, che si nutriva di creature viventi.

Buck byl lovec, zabiják, který se živil živými tvory.

Sopravvisse da solo, affidandosi alla sua forza e ai suoi sensi acuti.

Přežil sám, spoléhal se na svou sílu a bystré smysly.

Prosperava nella natura selvaggia, dove solo i più forti potevano sopravvivere.

Dařilo se mu v divočině, kde mohli žít jen ti nejtvrdší.

Da ciò nacque un grande orgoglio che riempì tutto l'essere di Buck.

Z toho se v Buckovi zrodila velká hrdost a naplnila celou jeho bytost.

Il suo orgoglio traspariva da ogni passo, dal fremito di ogni muscolo.

Jeho hrdost se projevovala v každém jeho kroku, v chvění každého svalu.

Il suo orgoglio era evidente, come si vedeva dal suo comportamento.

Jeho hrdost byla jasná jako řeč, což bylo patrné z toho, jak se držel.

Persino il suo spesso mantello appariva più maestoso e splendeva di più.

Dokonce i jeho hustá srst vypadala majestátněji a zářila jasněji.

Buck avrebbe potuto essere scambiato per un lupo grigio gigante.

Bucka si mohli splést s obřím lesním vlkem.

A parte il marrone sul muso e le macchie sopra gli occhi.

Kromě hnědé barvy na tlamě a skvrn nad očima.

E la striscia bianca di pelo che gli correva lungo il centro del petto.

A bílý pruh srsti, který mu táhl středem hrudníku.

Era addirittura più grande del più grande lupo di quella feroce razza.

Byl dokonce větší než největší vlk té divoké rasy.

Suo padre, un San Bernardo, gli ha trasmesso la stazza e la corporatura robusta.

Jeho otec, svatý Bernard, mu dal velikost a mohutnou postavu.

Sua madre, una pastorella, plasmò quella mole conferendole la forma di un lupo.

Jeho matka, pastýřka, vytvarovala tu masu do vlčí podoby.

Aveva il muso lungo di un lupo, anche se più pesante e largo.

Měl dlouhý čenich vlka, i když mohutnější a širší.

La sua testa era quella di un lupo, ma di dimensioni enormi e maestose.

Jeho hlava byla vlčí, ale byla mohutná a majestátní.

L'astuzia di Buck era l'astuzia del lupo e della natura selvaggia.

Buckova lstivost byla lstivost vlka a divočiny.

La sua intelligenza gli venne sia dal Pastore Tedesco che dal San Bernardo.

Jeho inteligence pocházela jak od německého ovčáka, tak od svatého Bernarda.

Tutto ciò, unito alla dura esperienza, lo rese una creatura temibile.

To všechno, plus drsné zkušenosti, z něj udělaly děsivého tvora.

Era formidabile quanto qualsiasi animale che vagasse nelle terre selvagge del nord.

Byl stejně impozantní jako kterákoli jiná bestie potulující se severní divočinou.

Nutrendosi solo di carne, Buck raggiunse l'apice della sua forza.

Buck, žijící pouze na mase, dosáhl vrcholu své síly.

Trasudava potenza e forza maschile in ogni fibra del suo corpo.

V každém vlákně svého těla překypoval mocí a mužskou silou.

Quando Thornton gli accarezzò la schiena, i peli brillarono di energia.

Když ho Thornton pohladil po zádech, chloupky se mu energií zajiskřily.

Ogni capello scricchiolava, carico del tocco di un magnetismo vivente.

Každý vlas praskal, nabitý dotekem živoucí síly.

Il suo corpo e il suo cervello erano sintonizzati sulla tonalità più fine possibile.

Jeho tělo i mozek byly naladěny na tu nejjemnější možnou notu.

Ogni nervo, ogni fibra e ogni muscolo lavoravano in perfetta armonia.

Každý nerv, vlákno a sval fungovaly v dokonalé harmonii.

A qualsiasi suono o visione che richiedesse un intervento, rispondeva immediatamente.

Na jakýkoli zvuk nebo pohled vyžadující akci reagoval okamžitě.

Se un husky saltava per attaccare, Buck poteva saltare due volte più velocemente.

Pokud by husky skočil k útoku, Buck by dokázal skočit dvakrát rychleji.

Reagì più rapidamente di quanto gli altri potessero vedere o sentire.

Reagoval rychleji, než ho ostatní stihli vidět nebo slyšet.

Percezione, decisione e azione avvennero tutte in un unico, fluido istante.

Vnímání, rozhodnutí a akce se odehrály v jednom plynulém okamžiku.

In realtà si tratta di atti separati, ma troppo rapidi per essere notati.

Ve skutečnosti byly tyto činy oddělené, ale příliš rychlé na to, aby si jich bylo možné všimnout.

Gli intervalli tra questi atti erano così brevi che sembravano uno solo.

Mezery mezi těmito činy byly tak krátké, že se zdály být jedno.

I suoi muscoli e il suo essere erano come molle strettamente avvolte.

Jeho svaly a bytost byly jako pevně stočené pružiny.

Il suo corpo traboccava di vita, selvaggia e gioiosa nella sua potenza.

Jeho tělo překypovalo životem, divoké a radostné ve své síle.

A volte aveva la sensazione che la forza stesse per esplodere completamente dentro di lui.

Občas měl pocit, jako by z něj ta síla každou chvíli vyprchala.

"Non c'è mai stato un cane simile", disse Thornton un giorno tranquillo.

„Nikdy tu nebyl takový pes," řekl Thornton jednoho klidného dne.

I soci osservarono Buck uscire fiero dall'accampamento.

Partneři sledovali, jak Buck hrdě odchází z tábora.

"Quando è stato creato, ha cambiato il modo in cui un cane può essere", ha detto Pete.

„Když byl stvořen, změnil to, kým pes může být," řekl Pete.

"Per Dio! Lo penso anch'io", concordò subito Hans.

„Při Ježíši! Myslím si to taky," souhlasil rychle Hans.

Lo videro allontanarsi, ma non il cambiamento che avvenne dopo.

Viděli ho odcházet, ale ne změnu, která přišla potom.

Non appena entrò nel bosco, Buck si trasformò completamente.

Jakmile Buck vstoupil do lesa, úplně se proměnil.

Non marciava più, ma si muoveva come uno spettro selvaggio tra gli alberi.

Už nepochodoval, ale pohyboval se jako divoký duch mezi stromy.

Divenne silenzioso, come un gatto, un bagliore che attraversava le ombre.

Ztichl, našlapoval jako kočka, jako záblesk procházející stíny.

Usava la copertura con abilità, strisciando sulla pancia come un serpente.

Krytí používal obratně a plazil se po břiše jako had.

E come un serpente, sapeva balzare in avanti e colpire in silenzio.

A jako had mohl vyskočit vpřed a tiše udeřit.

Potrebbe rubare una pernice bianca direttamente dal suo nido nascosto.

Mohl ukrást bělokura přímo z jeho skrytého hnízda.

Uccideva i conigli addormentati senza emettere alcun suono.

Zabil spící králíky bez jediného zvuku.

Riusciva a catturare gli scoiattoli a mezz'aria anche se fuggivano troppo lentamente.

Dokázal chytit veverky ve vzduchu, když prchaly příliš pomalu.

Nemmeno i pesci nelle pozze riuscivano a sfuggire ai suoi attacchi improvvisi.

Ani ryby v tůních neunikly jeho náhlým úderům.

Nemmeno i furbi castori impegnati a riparare le dighe erano al sicuro da lui.

Ani chytří bobři opravující hráze před ním nebyli v bezpečí.

Uccideva per nutrirsi, non per divertirsi, ma preferiva uccidere le proprie vittime.

Zabíjel pro jídlo, ne pro zábavu – ale nejraději měl své vlastní úlovky.

Eppure, un umorismo subdolo permeava alcune delle sue cacce silenziose.

Přesto se některými jeho tichými lovy prolínal lstivý humor.

Si avvicinò furtivamente agli scoiattoli, solo per lasciarli scappare.

Připlížil se blízko k veverkám, jen aby je nechal utéct.

Stavano per fuggire tra gli alberi, chiacchierando con rabbia e paura.

Chystali se uprchnout mezi stromy a štěbetat děsivým vztekem.

Con l'arrivo dell'autunno, le alci cominciarono ad apparire in numero maggiore.

S příchodem podzimu se losů začalo objevovat ve větším počtu.

Si spostarono lentamente verso le basse valli per affrontare l'inverno.

Pomalu se přesouvali do nízkých údolí, aby se setkali se zimou.

Buck aveva già abbattuto un giovane vitello randagio.

Buck už ukořistil jedno mladé, zatoulané tele.

Ma lui desiderava ardentemente affrontare prede più grandi e pericolose.

Ale toužil čelit větší a nebezpečnější kořisti.

Un giorno, sul crinale, alla sorgente del torrente, trovò la sua occasione.

Jednoho dne na rozvodí, u pramene potoka, našel svou šanci.

Una mandria di venti alci era giunta da terre boscose.

Stádo dvaceti losů přešlo přes lesnatou krajinu.
Tra loro c'era un possente toro, il capo del gruppo.
Mezi nimi byl mocný býk; vůdce skupiny.
Il toro era alto più di due metri e mezzo e appariva feroce e selvaggio.
Býk měřil přes šest stop a vypadal divoce a zuřivě.
Lanciò le sue grandi corna, le cui quattordici punte si diramavano verso l'esterno.
Odhodil svými širokými parohy, z nichž se čtrnáct špiček rozvětvovalo ven.
Le punte di quelle corna si estendevano per due metri.
Špičky těchto paroží se táhly až dva metry napříč.
I suoi piccoli occhi ardevano di rabbia quando vide Buck lì vicino.
Jeho malé oči hořely vzteky, když zahlédl Bucka poblíž.
Emise un ruggito furioso, tremando di rabbia e dolore.
Vydal zuřivý řev, třásl se vzteky a bolestí.
Vicino al suo fianco spuntava la punta di una freccia, appuntita e piumata.
Z boku mu trčel konec šípu, opeřený a ostrý.
Questa ferita contribuì a spiegare il suo umore selvaggio e amareggiato.
Tato rána pomáhala vysvětlit jeho divokou, hořkou náladu.
Buck, guidato dall'antico istinto di caccia, fece la sua mossa.
Buck, vedený starodávným loveckým instinktem, se pohnul.
Il suo obiettivo era separare il toro dal resto della mandria.
Jeho cílem bylo oddělit býka od zbytku stáda.
Non era un compito facile: richiedeva velocità e una grande astuzia.
To nebyl snadný úkol – vyžadovalo to rychlost a nelítostnou lstivost.
Abbaiava e danzava vicino al toro, appena fuori dalla sua portata.
Štěkal a tančil blízko býka, těsně mimo jeho dosah.
L'alce si lanciò con enormi zoccoli e corna mortali.
Los se vrhl s obrovskými kopyty a smrtícími parohy.

Un colpo avrebbe potuto porre fine alla vita di Buck in un batter d'occhio.
Jedna rána mohla Buckův život ukončit v mžiku.
Incapace di abbandonare la minaccia, il toro si infuriò.
Býk, který nebyl schopen hrozbu nechat za sebou, se rozzuřil.
Lui caricava con furia, ma Buck riusciva sempre a sfuggirgli.
V zuřivosti se vrhl do útoku, ale Buck vždycky utekl.
Buck finse di essere debole, allontanandosi ulteriormente dalla mandria.
Buck předstíral slabost a lákal ho tak dál od stáda.
Ma i giovani tori sarebbero tornati alla carica per proteggere il capo.
Ale mladí býci se chystali zaútočit, aby vůdce ochránili.
Costrinsero Buck a ritirarsi e il toro a ricongiungersi al gruppo.
Donutili Bucka ustoupit a býka, aby se znovu připojil ke skupině.
C'è una pazienza nella natura selvaggia, profonda e inarrestabile.
V divočině existuje trpělivost, hluboká a nezastavitelná.
Un ragno resta immobile nella sua tela per innumerevoli ore.
Pavouk čeká nehybně ve své síti nespočet hodin.
Un serpente si avvolge su se stesso senza contrarsi e aspetta il momento giusto.
Had se svíjí bez škubnutí a čeká, až nastane čas.
Una pantera è in agguato, finché non arriva il momento.
Panter číhá v záloze, dokud nenastane ten správný okamžik.
Questa è la pazienza dei predatori che cacciano per sopravvivere.
To je trpělivost predátorů, kteří loví, aby přežili.
La stessa pazienza ardeva dentro Buck mentre gli restava accanto.
Stejná trpělivost hořela v Buckovi, když zůstával nablízku.
Rimase vicino alla mandria, rallentandone la marcia e incutendo timore.
Zůstal blízko stáda, zpomaloval jeho pochod a vyvolával strach.

Provocava i giovani tori e molestava le mucche madri.
Škádlil mladé býky a obtěžoval kravské matky.
Spinse il toro ferito in una rabbia ancora più profonda e
impotente.
Dohnal zraněného býka k hlubšímu, bezmocnému vzteku.
Per mezza giornata il combattimento si trascinò senza alcuna
tregua.
Půl dne se boj vlekl bez jakéhokoli odpočinku.
Buck attaccò da ogni angolazione, veloce e feroce come il
vento.
Buck útočil ze všech úhlů, rychlý a divoký jako vítr.
Impedì al toro di riposare o di nascondersi con la mandria.
Zabraňoval býkovi odpočívat nebo se schovávat se svým
stádem.
Buck logorò la volontà dell'alce più velocemente del suo
corpo.
Buck unavoval losovu vůli rychleji než jeho tělo.
Il giorno passò e il sole tramontò basso nel cielo a nord-
ovest.
Den uplynul a slunce kleslo nízko na severozápadní obloze.
I giovani tori tornarono più lentamente per aiutare il loro
capo.
Mladí býci se vraceli pomaleji, aby pomohli svému vůdci.
Erano tornate le notti autunnali e il buio durava ormai sei
ore.
Vrátily se podzimní noci a tma nyní trvala šest hodin.
L'inverno li spingeva verso valli più sicure e calde.
Zima je tlačila z kopce do bezpečnějších a teplejších údolí.
Ma non riuscirono comunque a sfuggire al cacciatore che li
tratteneva.
Ale stále nemohli uniknout lovci, který je zadržoval.
Era in gioco solo una vita: non quella del branco, ma quella
del loro capo.
V sázce byl jen jeden život – ne život stáda, ale život jejich
vůdce.
Ciò rendeva la minaccia lontana e non una loro
preoccupazione urgente.

Díky tomu byla hrozba vzdálená a ne jejich naléhavým problémem.

Col tempo accettarono questo prezzo e lasciarono che Buck prendesse il vecchio toro.

Časem tuto cenu akceptovali a nechali Bucka, ať si starého býka vezme.

Mentre calava il crepuscolo, il vecchio toro rimase in piedi con la testa bassa.

Když se snášel soumrak, starý býk stál se sklopenou hlavou.

Guardò la mandria che aveva guidato svanire nella luce morente.

Sledoval, jak stádo, které vedl, mizí v slábnoucím světle.

C'erano mucche che aveva conosciuto, vitelli che un tempo aveva generato.

Byly tam krávy, které znal, telata, jejichž byl kdysi otcem.

C'erano tori più giovani con cui aveva combattuto e che aveva dominato nelle stagioni passate.

V minulých sezónách bojoval s mladšími býky a vládl jim.

Non poteva seguirli, perché davanti a lui era di nuovo accovacciato Buck.

Nemohl je následovat – před ním se totiž znovu krčil Buck.

Il terrore spietato e zannuto gli bloccava ogni via che potesse percorrere.

Nemilosrdná hrůza s tesáky mu blokovala každou cestu, kterou se mohl vydat.

Il toro pesava più di trecento chili di potenza densa.

Býk vážil více než tři sta kilogramů husté síly.

Aveva vissuto a lungo e lottato duramente in un mondo di difficoltà.

Žil dlouho a tvrdě bojoval ve světě plném bojů.

Eppure, alla fine, la morte gli venne commessa da una bestia molto più bassa di lui.

Přesto teď, na konci, smrt přišla od bestie hluboko pod ním.

La testa di Buck non arrivò nemmeno alle enormi ginocchia noccate del toro.

Buckova hlava se ani nezvedla k býčím obrovským, kloubatým kolenům.

Da quel momento in poi, Buck rimase con il toro notte e giorno.
Od té chvíle zůstával Buck s býkem dnem i nocí.
Non gli dava mai tregua, non gli permetteva mai di brucare o bere.
Nikdy mu nedal odpočinek, nikdy mu nedovolil se pást ani pít.
Il toro cercò di mangiare giovani germogli di betulla e foglie di salice.
Býk se snažil sežrat mladé březové výhonky a vrbové listy.
Ma Buck lo scacciò, sempre all'erta e sempre all'attacco.
Ale Buck ho odehnal, vždycky ve střehu a pořád útočil.
Anche nei torrenti che scorrevano, Buck bloccava ogni assetato tentativo.
I u tekoucí vody Buck blokoval každý žíznivý pokus.
A volte, in preda alla disperazione, il toro fuggiva a tutta velocità.
Někdy býk v zoufalství uprchl plnou rychlostí.
Buck lo lasciò correre, avanzando tranquillamente dietro di lui, senza mai allontanarsi troppo.
Buck ho nechal běžet, klidně pobíhal hned za ním, nikdy nebyl daleko.
Quando l'alce si fermò, Buck si sdraiò, ma rimase pronto.
Když se los zastavil, Buck si lehl, ale zůstal připravený.
Se il toro provava a mangiare o a bere, Buck colpiva con tutta la sua furia.
Pokud se býk pokusil jíst nebo pít, Buck udeřil s plnou zuřivostí.
La grande testa del toro si abbassava sotto le enormi corna.
Býčí mohutná hlava se pod mohutnými parohy schýlila níž.
Il suo passo rallentò, il trotto divenne pesante, un'andatura barcollante.
Jeho tempo zpomalilo, klus se změnil v těžký; klopýtající chůzi.
Spesso restava immobile con le orecchie abbassate e il naso rivolto verso il terreno.
Často stál nehybně se sklopenýma ušima a čumákem u země.

In quei momenti Buck si prese del tempo per bere e riposare.
Během těchto chvil si Buck udělal čas na pití a odpočinek.
Con la lingua fuori e gli occhi fissi, Buck sentì che la terra
stava cambiando.
S vyplazeným jazykem a upřenýma očima Buck cítil, že se
krajina mění.
Sentì qualcosa di nuovo muoversi nella foresta e nel cielo.
Cítil, jak se lesem a oblohou pohybuje něco nového.
Con il ritorno delle alci tornarono anche altre creature
selvatiche.
S návratem losů se vraceli i další divoká zvířata.
La terra sembrava viva di una presenza invisibile ma
fortemente nota.
Země se zdála být plně oživená, neviditelná, ale silně známá.
Buck non lo sapeva tramite l'udito, la vista o l'olfatto.
Buck to nepoznal zvukem, zrakem ani čichem.
Un sentimento più profondo gli diceva che nuove forze
erano in movimento.
Hlubší smysl mu napovídal, že se hýbou nové síly.
Una strana vita si agitava nei boschi e lungo i corsi d'acqua.
V lesích a podél potoků se vířil zvláštní život.
Decise di esplorare questo spirito una volta completata la
caccia.
Rozhodl se, že po skončení lovu tohoto ducha prozkoumá.
Il quarto giorno, Buck riuscì finalmente a catturare l'alce.
Čtvrtého dne Buck konečně losa ulovil.
Rimase nei pressi della preda per un giorno e una notte
interi, nutrendosi e riposandosi.
Zůstal u kořisti celý den a noc, krmil se a odpočíval.
Mangiò, poi dormì, poi mangiò ancora, finché non fu forte e
sazio.
Jedl, pak spal a pak zase jedl, dokud nebyl silný a sytý.
Quando fu pronto, tornò indietro verso l'accampamento e
Thornton.
Když byl připraven, otočil se zpět k táboru a Thorntonu.
Con passo costante iniziò il lungo viaggio di ritorno verso
casa.

Stabilním tempem se vydal na dlouhou cestu domů.

Correva con la sua andatura instancabile, ora dopo ora, senza mai smarrirsi.

Běžel svým neúnavným klusem, hodinu za hodinou, a ani jednou se neodchýlil od cesty.

Attraverso terre sconosciute, si muoveva dritto come l'ago di una bussola.

Neznámými zeměmi se pohyboval přímo jako střelka kompasu.

Il suo senso dell'orientamento faceva sembrare deboli, al confronto, l'uomo e la mappa.

Jeho smysl pro orientaci v porovnání s ním působil slabě, člověk i mapa.

Mentre Buck correva, sentiva sempre più forte l'agitazione nella terra selvaggia.

Jak Buck běžel, cítil stále silněji pohyb v divočině.

Era un nuovo tipo di vita, diverso da quello dei tranquilli mesi estivi.

Byl to nový druh života, na rozdíl od života v klidných letních měsících.

Questa sensazione non giungeva più come un messaggio sottile o distante.

Tento pocit už nepřicházel jako jemné nebo vzdálené poselství.

Ora gli uccelli parlavano di questa vita e gli scoiattoli chiacchieravano.

Nyní o tomto životě mluvili ptáci a veverky o něm štěbetaly.

Persino la brezza sussurrava avvertimenti tra gli alberi silenziosi.

Dokonce i vánek šeptal varování skrz tiché stromy.

Più volte si fermò ad annusare l'aria fresca del mattino.

Několikrát se zastavil a nasál čerstvý ranní vzduch.

Lì lesse un messaggio che lo fece fare un balzo in avanti più velocemente.

Přečetl si tam zprávu, která ho přiměla rychleji vykročit vpřed.

Fu pervaso da un forte senso di pericolo, come se qualcosa fosse andato storto.

Naplnil ho těžký pocit nebezpečí, jako by se něco pokazilo.

Temeva che la calamità stesse per arrivare, o che fosse già arrivata.

Bál se, že se blíží – nebo už přišla – pohroma.

Superò l'ultima cresta ed entrò nella valle sottostante.

Přešel poslední hřeben a vstoupil do údolí pod ním.

Si muoveva più lentamente, attento e cauto a ogni passo.

Pohyboval se pomaleji, s každým krokem ostražitě a opatrně.

Dopo tre miglia trovò una pista fresca che lo fece irrigidire.

Po třech mílích narazil na novou stezku, která ho ztuhla.

I peli sul collo si rizzarono e si rizzarono in segno di allarme.

Vlasy na krku se mu zježily a zavlnily poplachem.

Il sentiero portava dritto all'accampamento dove Thornton aspettava.

Stezka vedla přímo k táboru, kde čekal Thornton.

Buck ora si muoveva più velocemente, con passi silenziosi e rapidi.

Buck se teď pohyboval rychleji, jeho kroky byly tiché a rychlé zároveň.

I suoi nervi si irrigidirono mentre leggeva segnali che altri non avrebbero notato.

Nervy se mu napínaly, když četl náznaky, které ostatní přehlédnou.

Ogni dettaglio del percorso raccontava una storia, tranne l'ultimo pezzo.

Každý detail na stezce vyprávěl příběh – kromě posledního kousku.

Il suo naso gli raccontò della vita che aveva trascorso lì.

Jeho nos mu vyprávěl o životě, který tudy uplynul.

L'odore gli fornì un'immagine mutevole mentre lo seguiva da vicino.

Vůně mu, jak ho těsně následoval, vykreslovala proměnlivý obraz.

Ma la foresta stessa era diventata silenziosa, innaturalmente immobile.

Ale les sám ztichl; byl nepřirozeně tichý.

Gli uccelli erano scomparsi, gli scoiattoli erano nascosti, silenziosi e immobili.

Ptáci zmizeli, veverky se schovaly, tiché a nehybné.

Vide solo uno scoiattolo grigio, sdraiato su un albero morto.

Viděl jen jednu šedou veverku, ležící na mrtvém stromě.

Lo scoiattolo si mimetizzava, rigido e immobile come una parte della foresta.

Veverka se vmísila do lesa, ztuhlá a nehybná.

Buck si muoveva come un'ombra, silenzioso e sicuro tra gli alberi.

Buck se pohyboval jako stín, tiše a jistě mezi stromy.

Il suo naso si mosse di lato come se fosse stato tirato da una mano invisibile.

Jeho nos se trhl do strany, jako by ho tahala neviditelná ruka.

Si voltò e seguì il nuovo odore nel profondo di un boschetto.

Otočil se a vydal se za novým pachem hluboko do houští.

Lì trovò Nig, steso morto, trafitto da una freccia.

Tam našel Niga, ležícího mrtvého, probodnutého šípem.

La freccia gli attraversò il corpo, lasciando ancora visibili le piume.

Šíp prošel jeho tělem, peří bylo stále vidět.

Nig si era trascinato fin lì, ma era morto prima di riuscire a raggiungere i soccorsi.

Nig se tam dotáhl sám, ale zemřel dříve, než se dostal k pomoci.

Cento metri più avanti, Buck trovò un altro cane da slitta.

O sto metrů dál Buck našel dalšího spřežení.

Era un cane che Thornton aveva comprato a Dawson City.

Byl to pes, kterého Thornton koupil v Dawson City.

Il cane lottava con tutte le sue forze, dimenandosi violentemente sul sentiero.

Pes se zmítal na smrt a tvrdě se třepal po stezce.

Buck gli passò accanto senza fermarsi, con gli occhi fissi davanti a sé.

Buck ho obešel, nezastavoval se a upíral zrak před sebe.

Dalla direzione dell'accampamento proveniva un canto lontano e ritmico.

Z tábora se ozýval vzdálený, rytmický zpěv.

Le voci si alzavano e si abbassavano con un tono strano, inquietante, cantilenante.

Hlasy se ozývaly podivným, tajemným, zpívajícím tónem.

Buck strisciò in silenzio fino al limite della radura.

Buck se mlčky plazil vpřed k okraji mýtiny.

Lì vide Hans disteso a faccia in giù, trafitto da numerose frecce.

Tam uviděl Hanse ležícího tváří dolů, probodnutého mnoha šípy.

Il suo corpo sembrava quello di un porcospino, irto di penne.

Jeho tělo vypadalo jako dikobraz, poseté opeřenými šípy.

Nello stesso momento, Buck guardò verso la capanna in rovina.

Ve stejném okamžiku se Buck podíval směrem k rozbořené chatě.

Quella vista gli fece rizzare i capelli sul collo e sulle spalle.

Z toho pohledu se mu zježily vlasy na krku a ramenou.

Un'ondata di rabbia selvaggia travolse tutto il corpo di Buck.

Buckovým tělem se prohnala bouře divokého vzteku.

Ringhiò forte, anche se non ne era consapevole.

Zavrčel nahlas, i když o tom nevěděl.

Il suono era crudo, pieno di una furia terrificante e selvaggia.

Zvuk byl syrový, plný děsivé, divoké zuřivosti.

Per l'ultima volta nella sua vita, Buck perse la ragione a causa delle emozioni.

Buck naposledy v životě ztratil rozum.

Fu l'amore per John Thornton a spezzare il suo attento controllo.

Byla to láska k Johnu Thorntonovi, která zlomila jeho pečlivou sebeovládání.

Gli Yeehats ballavano attorno alla baita in legno di abete rosso distrutta.

Yeehatové tančili kolem zřícené smrkové chatrče.

Poi si udì un ruggito e una bestia sconosciuta si lanciò verso di loro.

Pak se ozval řev – a neznámá bestie se k nim vrhla.

Era Buck: una furia in movimento, una tempesta vivente di vendetta.

Byl to Buck; zuřivost v pohybu; živoucí bouře pomsty.

Si gettò in mezzo a loro, folle di voglia di uccidere.

Vrhnul se mezi ně, šílený touhou zabíjet.

Si lanciò contro il primo uomo, il capo Yeehat, e colpì nel segno.

Skočil na prvního muže, náčelníka Yeehatů, a udeřil přímo do cíle.

La sua gola era squarciata e il sangue schizzava a fiotti.

Měl roztržené hrdlo a krev z něj stříkala proudem.

Buck non si fermò, ma con un balzo squarciò la gola dell'uomo successivo.

Buck se nezastavil, ale jedním skokem roztrhl hrdlo dalšímu muži.

Era inarrestabile: squarciava, tagliava, non si fermava mai a riposare.

Byl nezastavitelný – trhal, sekal a nikdy se nezastavil k odpočinku.

Si lanciò e balzò così velocemente che le loro frecce non riuscirono a toccarlo.

Vrhl se a skákal tak rychle, že se ho jejich šípy nemohly zasáhnout.

Gli Yeehats erano in preda al panico e alla confusione.

Yeehati byli zachváceni vlastní panikou a zmatkem.

Le loro frecce non colpirono Buck e si colpirono tra loro.

Jejich šípy minuly Bucka a místo toho se zasáhly jeden navzájem.

Un giovane scagliò una lancia contro Buck e colpì un altro uomo.

Jeden mladík hodil po Buckovi kopí a zasáhl jiného muže.

La lancia gli trapassò il petto e la punta gli trafisse la schiena.

Kopí mu probodlo hruď a hrot mu vyrazil záda.

Il terrore travolse gli Yeehats, che si diedero alla ritirata.

Yeehaty zachvátil strach a oni se dali na úplný ústup.

Urlarono allo Spirito Maligno e fuggirono nelle ombre della foresta.

Křičeli na zlého ducha a uprchli do lesních stínů.

Buck era davvero come un demone mentre inseguiva gli Yeehats.

Buck byl vskutku jako démon, když pronásledoval Yeehaty.

Li inseguì attraverso la foresta, abbattendoli come cervi.

Hnal se za nimi lesem a srážel je k zemi jako jeleny.

Divenne un giorno di destino e terrore per gli spaventati Yeehats.

Pro vyděšené Yeehaty se to stal dnem osudu a hrůzy.

Si dispersero sul territorio, fuggendo in ogni direzione.

Rozprchli se po celé zemi a prchali všemi směry.

Passò un'intera settimana prima che gli ultimi sopravvissuti si incontrassero in una valle.

Uplynul celý týden, než se poslední přeživší setkali v údolí.

Solo allora contarono le perdite e raccontarono quanto accaduto.

Teprve pak spočítali své ztráty a mluvili o tom, co se stalo.

Buck, stanco dell'inseguimento, ritornò all'accampamento in rovina.

Buck se unavil honičkou a vrátil se do zničeného tábora.

Trovò Pete, ancora avvolto nelle coperte, ucciso nel primo attacco.

Našel Peta, stále zabaleného v dekách, zabitého při prvním útoku.

I segni dell'ultima lotta di Thornton erano visibili nella terra lì vicino.

V nedaleké hlíně byly patrné stopy Thorntonova posledního boje.

Buck seguì ogni traccia, annusando ogni segno fino al punto finale.

Buck sledoval každou stopu a čichal ke každému znaménku až do konečného bodu.

Sul bordo di una profonda pozza trovò il fedele Skeet, immobile.

Na okraji hluboké tůně našel věrného Skeeta, jak nehybně leží.

La testa e le zampe anteriori di Skeet erano nell'acqua, immobili nella morte.

Skeetova hlava a přední tlapky byly ve vodě, nehybné jako smrt.

La piscina era fangosa e contaminata dai liquidi di scarico delle chiuse.

Bazén byl kalný a znečištěný odtokem ze zdymadel.

La sua superficie torbida nascondeva ciò che si trovava sotto, ma Buck conosceva la verità.

Jeho zakalený povrch skrýval, co leželo pod ním, ale Buck znal pravdu.

Seguì l'odore di Thornton nella piscina, ma non lo portò da nessun'altra parte.

Sledoval Thorntonův pach do bazénu – ale pach nikam jinam nevedl.

Non c'era alcun odore che provenisse, solo il silenzio dell'acqua profonda.

Nebyl z něj cítit žádný pach – jen ticho hluboké vody.

Buck rimase tutto il giorno vicino alla piscina, camminando avanti e indietro per l'accampamento, addolorato.

Celý den Buck zůstal u jezírka a zarmouceně přecházel po táboře.

Vagava irrequieto o sedeva immobile, immerso nei suoi pensieri.

Neklidně se toulal nebo seděl v tichosti, pohroužený do těžkých myšlenek.

Conosceva la morte, la fine della vita, la scomparsa di ogni movimento.

Znal smrt; konec života; mizení veškerého pohybu.

Capì che John Thornton se n'era andato e non sarebbe mai più tornato.

Chápal, že John Thornton je pryč a už se nikdy nevrátí.

La perdita lasciò in lui un vuoto che pulsava come la fame.

Ztráta v něm zanechala prázdnotu, která pulzovala jako hlad.

Ma questa era una fame che il cibo non riusciva a placare, non importava quanto ne mangiasse.
Ale tohle byl hlad, který jídlo nemohlo utišit, ať snědl sebevíc.
A volte, mentre guardava i cadaveri di Yeehats, il dolore si attenuava.
Občas, když se podíval na mrtvé Yeehaty, bolest polevovala.
E poi dentro di lui nacque uno strano orgoglio, feroce e totale.
A pak se v něm zvedla podivná hrdost, prudká a nezdolná.
Aveva ucciso l'uomo, la preda più alta e pericolosa di tutte.
Zabil člověka, což byla ta nejvyšší a nejnebezpečnější zvěř ze všech.
Aveva ucciso in violazione dell'antica legge del bastone e della zanna.
Zabil v rozporu se starodávným zákonem kyje a tesáku.
Buck annusò i loro corpi senza vita, curioso e pensieroso.
Buck zvědavě a zamyšleně čichal k jejich bezvládným tělům.
Erano morti così facilmente, molto più facilmente di un husky in combattimento.
Zemřeli tak snadno – mnohem snadněji než husky v boji.
Senza le armi non avrebbero avuto vera forza né avrebbero rappresentato una minaccia.
Bez zbraní neměli žádnou skutečnou sílu ani hrozbu.
Buck non avrebbe più avuto paura di loro, a meno che non fossero stati armati.
Buck se jich už nikdy nebude bát, pokud nebudou ozbrojeni.
Stava attento solo quando portavano clave, lance o frecce.
Dával si pozor jen tehdy, když nosili kyje, oštěpy nebo šípy.

Calò la notte e la luna piena spuntò alta sopra le cime degli alberi.
Padla noc a úplněk vystoupil vysoko nad koruny stromů.
La pallida luce della luna avvolgeva la terra in un tenue e spettrale chiarore, come se fosse giorno.
Bledé světlo měsíce zalévalo zemi jemnou, přízračnou září jako ve dne.

Mentre la notte avanzava, Buck continuava a piangere presso la pozza silenziosa.

Jak se noc prohlubovala, Buck stále truchlil u tichého jezírka.

Poi si accorse di un diverso movimento nella foresta.

Pak si v lese uvědomil jiný ruch.

L'agitazione non proveniva dagli Yeehats, ma da qualcosa di più antico e profondo.

To rušení nevycházelo od Yeehatů, ale z něčeho staršího a hlubšího.

Si alzò in piedi, drizzò le orecchie e tastò con attenzione la brezza con il naso.

Vstal, zvedl uši a opatrně zkoušel nosem vítr.

Da lontano giunse un debole e acuto grido che squarciò il silenzio.

Z dálky se ozvalo slabé, ostré vyštěknutí, které prořízlo ticho.

Poi un coro di grida simili seguì subito dopo il primo.

Pak se těsně za prvním ozval sbor podobných výkřiků.

Il suono si avvicinava sempre di più, diventando sempre più forte con il passare dei minuti.

Zvuk se blížil a s každou chvíli sílil.

Buck conosceva quel grido: proveniva da quell'altro mondo nella sua memoria.

Buck tenhle výkřik znal – vycházel z onoho jiného světa v jeho paměti.

Si recò al centro dello spazio aperto e ascoltò attentamente.

Došel doprostřed otevřeného prostoru a pozorně naslouchal.

L'appello risuonò più forte che mai, più sentito e più potente che mai.

Ozvalo se volání, mnohohlasné a silnější než kdy dřív.

E ora, più che mai, Buck era pronto a rispondere alla sua chiamata.

A nyní, více než kdy jindy, byl Buck připraven odpovědět na své volání.

John Thornton era morto e in lui non era rimasto alcun legame con l'uomo.

John Thornton byl mrtvý a nezůstalo v něm žádné pouto k člověku.

L'uomo e tutte le pretese umane erano svaniti: era finalmente libero.

Člověk a všechny lidské nároky byly pryč – konečně byl svobodný.

Il branco di lupi era a caccia di carne, proprio come un tempo avevano fatto gli Yeehats.

Vlčí smečka se honila za masem, stejně jako kdysi Yeehatové.

Avevano seguito le alci mentre scendevano dalle terre boscose.

Sledovali losy dolů z zalesněných oblastí.

Ora, selvaggi e affamati di prede, attraversarono la sua valle.

Nyní, divocí a hladoví po kořisti, přešli do jeho údolí.

Giunsero nella radura illuminata dalla luna, scorrendo come acqua argentata.

Vběhli na měsíční mýtinu, tekoucí jako stříbrná voda.

Buck rimase immobile al centro, in attesa.

Buck stál nehybně uprostřed, nehybně a čekal na ně.

La sua presenza calma e imponente lasciò il branco senza parole, tanto da farlo restare per un breve periodo in silenzio.

Jeho klidná, mohutná přítomnost ohromila smečku a na chvíli umlčela.

Allora il lupo più audace gli saltò addosso senza esitazione.

Pak se na něj bez váhání vrhl přímo ten nejodvážnější vlk.

Buck colpì rapidamente e spezzò il collo del lupo con un solo colpo.

Buck udeřil rychle a jedinou ranou zlomil vlkovi vaz.

Rimase di nuovo immobile mentre il lupo morente si contorceva dietro di lui.

Znovu stál bez hnutí, zatímco se za ním umírající vlk kroutil.

Altri tre lupi attaccarono rapidamente, uno dopo l'altro.

Další tři vlci rychle zaútočili, jeden po druhém.

Ognuno di loro si ritrasse sanguinante, con la gola o le spalle tagliate.

Každý ustoupil a krvácel, měli podřezané hrdlo nebo ramena.

Ciò fu sufficiente a scatenare una carica selvaggia da parte dell'intero branco.

To stačilo k tomu, aby se celá smečka rozpoutala k divokému útoku.

Si precipitarono tutti insieme, troppo impazienti e troppo ammassati per colpire bene.

Vběhli dovnitř společně, příliš dychtiví a natlačení na to, aby dobře zasáhli.

La velocità e l'abilità di Buck gli permisero di anticipare l'attacco.

Buckova rychlost a dovednosti mu umožnily udržet si náskok před útokem.

Girò sulle zampe posteriori, schioccando i denti e colpendo in tutte le direzioni.

Otočil se na zadních nohách, švihal a švihal všemi směry.

Ai lupi sembrò che la sua difesa non si fosse mai aperta o avesse vacillato.

Vlkům se zdálo, že jeho obrana se nikdy neotevřela ani nezakolísala.

Si voltò e colpì così velocemente che non riuscirono a raggiungerlo alle spalle.

Otočil se a sekl tak rychle, že se k němu nemohli dostat.

Ciononostante, il loro numero lo costrinse a cedere terreno e a ritirarsi.

Jejich počet ho nicméně donutil ustoupit a ustoupit.

Superò la piscina e scese nel letto roccioso del torrente.

Prošel kolem tůně a sestoupil do kamenitého koryta potoka.

Lì si imbatté in un ripido pendio di ghiaia e terra.

Tam narazil na strmý břeh ze štěrku a hlíny.

Si è infilato in un angolo scavato durante i vecchi scavi dei minatori.

Během starého kopání horníků se na hraně dostal do rohového výkopu.

Ora, protetto su tre lati, Buck si trovava di fronte solo al lupo frontale.

Nyní, chráněný ze tří stran, čelil Buck pouze přednímu vlkovi.

Lì rimase in attesa, pronto per la successiva ondata di assalto.

Tam stál v šachu, připravený na další vlnu útoku.

Buck mantenne la posizione con tanta ferocia che i lupi indietreggiarono.

Buck se tak zuřivě držel svého místa, že vlci ustoupili.

Dopo mezz'ora erano sfiniti e visibilmente sconfitti.

Po půl hodině byli vyčerpaní a viditelně poraženi.

Le loro lingue pendevano fuori e le loro zanne bianche brillavano alla luce della luna.

Jejich jazyky visely a jejich bílé tesáky se leskly v měsíčním světle.

Alcuni lupi si sdraiano, con la testa alzata e le orecchie dritte verso Buck.

Někteří vlci si lehli se zvednutými hlavami a nastraženými ušima směrem k Buckovi.

Altri rimasero immobili, attenti e osservarono ogni suo movimento.

Ostatní stáli nehybně, ostražitě a sledovali každý jeho pohyb.

Qualcuno si avvicinò alla piscina e bevve l'acqua fredda.

Pár lidí se zatoulalo k bazénu a napilo se studené vody.

Poi un lupo grigio, lungo e magro, si fece avanti furtivamente, con passo gentile.

Pak se jeden dlouhý, hubený šedý vlk tiše připlížil vpřed.

Buck lo riconobbe: era il fratello selvaggio di prima.

Buck ho poznal – byl to ten divoký bratr z dřívějška.

Il lupo grigio uggiolò dolcemente e Buck rispose con un guaito.

Šedý vlk tiše zakňučel a Buck mu odpověděl kňučením.

Si toccarono il naso, silenziosamente, senza timore o minaccia.

Dotkli se nosy, tiše a bez hrozby či strachu.

Poi venne un lupo più anziano, scarno e segnato dalle numerose battaglie.

Další přišel starší vlk, vyhublý a zjizvený z mnoha bitev.

Buck cominciò a ringhiare, ma si fermò e annusò il naso del vecchio lupo.

Buck začal vrčet, ale pak se zarazil a očichal starému vlkovi k čumáku.

Il vecchio si sedette, alzò il naso e ululò alla luna.

Stařík se posadil, zvedl nos a zavýjel na měsíc.
Il resto del branco si sedette e si unì al lungo ululato.
Zbytek smečky se posadil a připojil se k dlouhému vytí.
E ora la chiamata giunse a Buck, inequivocabile e forte.
A teď k Buckovi dolehlo volání, nezaměnitelné a silné.
Si sedette, alzò la testa e ululò insieme agli altri.
Posadil se, zvedl hlavu a zavýl s ostatními.
Quando l'ululato cessò, Buck uscì dal suo riparo roccioso.
Když vytí ustalo, Buck vyšel ze svého skalnatého úkrytu.
Il branco si strinse attorno a lui, annusando con gentilezza e cautela.
Smečka se kolem něj sevřela a laskavě i ostražitě čichala.
Allora i capi lanciarono un grido e si precipitarono nella foresta.
Pak vůdci vyštěkli a rozběhli se do lesa.
Gli altri lupi li seguirono, guaendo in coro, selvaggi e veloci nella notte.
Ostatní vlci je následovali a štěkali ve sboru, divoce a rychle v noci.
Buck corse con loro, accanto al suo selvaggio fratello, ululando mentre correva.
Buck běžel s nimi vedle svého divokého bratra a při běhu vyl.

Qui la storia di Buck giunge al termine.
Zde se Buckův příběh dobře uzavírá.
Negli anni a seguire, gli Yeehats notarono degli strani lupi.
V následujících letech si Yeehati všimli podivných vlků.
Alcuni avevano la testa e il muso marroni e il petto bianco.
Někteří měli na hlavě a čenichu hnědou barvu a na hrudi bílou.
Ma ancora di più temevano la presenza di una figura spettrale tra i lupi.
Ale ještě víc se báli přízračné postavy mezi vlky.
Parlavano a bassa voce del Cane Fantasma, il capo del branco.
Šeptem mluvili o Duchovém psu, vůdci smečky.

Questo Ghost Dog era più astuto del più audace cacciatore di Yeehat.

Tento Duchový pes byl mazanější než nejodvážnější lovec Yeehatů.

Il cane fantasma rubava dagli accampamenti nel cuore dell'inverno e faceva a pezzi le loro trappole.

Duchový pes kradl z táborů v hluboké zimě a roztrhal jim pasti.

Il cane fantasma uccise i loro cani e sfuggì alle loro frecce senza lasciare traccia.

Duch psa zabil jejich psy a beze stopy unikl jejich šípům.

Perfino i guerrieri più coraggiosi avevano paura di affrontare questo spirito selvaggio.

I jejich nejstatečnější válečníci se báli čelit tomuto divokému duchu.

No, la storia diventa ancora più oscura con il passare degli anni trascorsi nella natura selvaggia.

Ne, příběh se s plynoucími lety v divočině stává stále temnějším.

Alcuni cacciatori scompaiono e non fanno più ritorno ai loro accampamenti lontani.

Někteří lovci zmizí a už se nikdy nevrátí do svých vzdálených táborů.

Altri vengono trovati con la gola squarciata, uccisi nella neve.

Jiní jsou nalezeni s roztrhaným hrdlem, zabiti ve sněhu.

Intorno ai loro corpi ci sono delle impronte più grandi di quelle che un lupo potrebbe mai lasciare.

Kolem jejich těl jsou stopy – větší, než by je dokázal udělat jakýkoli vlk.

Ogni autunno, gli Yeehats seguono le tracce dell'alce.

Každý podzim sledují Yeehati stopu losa.

Ma evitano una valle perché la paura è scolpita nel profondo del loro cuore.

Ale jednomu údolí se vyhýbají se strachem vrytým hluboko do srdcí.

Si dice che la valle sia stata scelta dallo Spirito Maligno come sua dimora.

Říká se, že údolí si za svůj domov vybral zlý duch.

E quando la storia viene raccontata, alcune donne piangono accanto al fuoco.

A když se ten příběh vypráví, některé ženy pláčou u ohně.

Ma d'estate, c'è un visitatore che giunge in quella valle sacra e silenziosa.

Ale v létě do onoho tichého, posvátného údolí přijde jeden návštěvník.

Gli Yeehats non lo conoscono e non potrebbero capirlo.

Yeehati o něm neznají, ani by mu nemohli porozumět.

Il lupo è un animale grandioso, ricoperto di gloria, come nessun altro della sua specie.

Vlk je skvělý, ostříhaný slávou, jako žádný jiný svého druhu.

Lui solo attraversa il bosco verde ed entra nella radura della foresta.

Sám přechází přes zelený les a vstupuje na lesní mýtinu.

Lì, la polvere dorata contenuta nei sacchi di pelle d'alce si infiltra nel terreno.

Tam se do půdy vsakuje zlatavý prach z pytlů z losí kůže.

L'erba e le foglie vecchie hanno nascosto il giallo del sole.

Tráva a staré listí skryly žlutou barvu před sluncem.

Qui il lupo resta in silenzio, pensando e ricordando.

Zde vlk mlčky stojí, přemýšlí a vzpomíná.

Urla una volta sola, a lungo e lugubremente, prima di girarsi e andarsene.

Zavyje jednou – dlouze a truchlivě – než se otočí k odchodu.

Ma non è sempre solo nella terra del freddo e della neve.

Přesto není v zemi chladu a sněhu vždycky sám.

Quando le lunghe notti invernali scendono sulle valli più basse.

Když se na dolní údolí snesou dlouhé zimní noci.

Quando i lupi seguono la selvaggina attraverso il chiaro di luna e il gelo.

Když vlci pronásledují zvěř za měsíčního svitu a mrazu.

Poi corre in testa al gruppo, saltando in alto e in modo selvaggio.

Pak běží v čele smečky, skáče vysoko a divoce.

La sua figura svetta sulle altre, la sua gola risuona di canto.

Jeho postava se tyčí nad ostatními, v hrdle mu zní zpěv.

È il canto del mondo più giovane, la voce del branco.

Je to píseň mladšího světa, hlas smečky.

Canta mentre corre: forte, libero e per sempre selvaggio.

Zpívá si, když běží – silný, svobodný a navždy divoký.